U0801890

CEMR 2019—2020

China Emergency Management Report 2019—2020

中国应急管理报告

2019—2020

李季　洪毅　主编

·北京·

国家行政管理出版社
NATIONAL ADMINISTRATION PRESS

图书在版编目（CIP）数据

中国应急管理报告．2019—2020/李季，洪毅主编．—北京：国家行政管理出版社，2021.12
ISBN 978-7-5150-0972-8

Ⅰ.①中…　Ⅱ.①李…②洪…　Ⅲ.①突发事件－公共管理－研究报告－中国－2019—2020
Ⅳ.①D63

中国版本图书馆 CIP 数据核字（2021）第 192361 号

书　　名	中国应急管理报告 2019—2020 ZHONGGUO YINGJI GUANLI BAOGAO 2019—2020
主　　编	李　季　洪　毅
责任编辑	刘　锦　陈　科
出版发行	国家行政管理出版社 （北京市海淀区长春桥路 6 号，100089）
综 合 办	（010）68928903
发 行 部	（010）68922366　68928870
经　　销	新华书店
印　　刷	北京九州迅驰传媒文化有限公司
版　　次	2021 年 12 月北京第 1 版
印　　次	2021 年 12 月北京第 1 次印刷
开　　本	185 毫米×260 毫米　16 开
印　　张	14.5
字　　数	188 千字
定　　价	58.00 元

《中国应急管理报告 2019—2020》编委会组成名单

《中国应急管理报告2019—2020》编辑部组成人员

前 言

党的十八大以来，习近平总书记站在实现“两个一百年”奋斗目标、保障中华民族长远发展的战略高度，对应急管理工作作出了一系列重要论述，提出了一系列新理念新思想新战略，开辟了中国特色应急管理理论和实践的新境界。以习近平同志为核心的党中央，把应急管理工作摆在更加突出的位置，就新时代全面加强应急管理和公共安全、有效维护国家安全和社会安定作出一系列重大决策部署，推动我国应急管理事业迈入新的历史发展阶段。

面对突如其来的新冠肺炎疫情，党和政府高度重视、迅速行动，习近平总书记亲自指挥、亲自部署。在党的领导下，全国上下贯彻“坚定信心、同舟共济、科学防治、精准施策”总要求，打响抗击疫情的人民战争、总体战、阻击战，形成了“生命至上、举国同心、舍生忘死、尊重科学、命运与共”的伟大抗疫精神。经过艰苦卓绝的努力，中国付出巨大代价和牺牲，有力扭转了疫情局势，疫情防控阻击战取得重大战略成果，维护了人民生命安全和身体健康，为维护地区和世界公共卫生安全作出了重要贡献。

当前，百年变局和世纪疫情交织叠加，世界进入动荡变革期，不稳定性不确定性因素显著上升，做好应急管理、维护安全稳定显得尤为重要。党的十九届五中全会通过《中共中央关于制定国民经济和社会发展第十四个五年规划和二〇三五年远景目标的建议》首次把统筹发展和安全纳入“十四五”时期我国经济社会发展的指导思想，并列专章作出战略部署，突出了应急管理在党和国家工作大局中的重要地位。党的十九届六中全会审议通过的《中共中央关于党的百年奋斗重大成就和历史经验的决议》指出：“进入新时代，我国面临更为严峻的国家安全形势，外部压力前所未有，传统安全威胁和非传统安全威胁相互交织，‘黑天鹅’、‘灰犀牛’事件时有发生。同形势任务要求相比，我国维护国家安全能力不足，应对各种重大风险能力不强，维护国家安全的统筹协调机制不健全。”

本报告以总体国家安全观为指导，以统筹发展和安全为主线，以防范化解重大安全风险为目标，分析我国应急管理面临的新形势新挑战，总结相关部委、地方党委政府2019—2020年应急管理体系和能力建设的实践创新，为新时代应急管理事业高质量发展提供有益参考。

整个报告共分为三部分，分别是权威要论、分类应急管理工作总结评估、应急管理工作创新与实践，力图全面展示新时代我国应急管理取得的主要成就和重要进展。其中，权威要论根据2019—2020年应急管理重点领域，收录了农业农村部副部长于康震在全国重大动物疫病分区防控暨2021年全国 重大动物疫病防控工作视频会议上的讲话《在2020年全国重大动物疫病防控工作报告》，国家卫生健康委员会副主任于学军在2019年全国卫生应急工作会议上的讲话《凝心聚力 履职尽责 奋力推进卫生应急工作深入发展》，国家卫生健康委员会副主任雷海潮在2021年全国卫生应急工作视频会议上的讲话《振奋精神 担当作为 扎实有序高效做好卫生应急工作》。第二部分按照统筹发展和安全的理念，收录了外交部、自然资源部、生态环境部、交通运输部、国家市场监督管理总局、中国气象局、海关总署、中国红十字会等部门的应急管理工作进展情况。第三部分收录了国家部委和一些地方在环境安全、海上搜救、自然灾害、电力安全、枫桥经验、金融风险等方面的工作情况及创新举措，并选择了部分案例进行分析。

编者

2021 年 12 月 13 日

目　录

第一部分　权威要论

第二部分　分类应急管理工作总结评估报告

第一部分 >>>

权威要论

2020年全国重大动物疫病防控工作报告

——在全国重大动物疫病分区防控暨2021年全国重大动物疫病防控工作视频会议上的讲话

农业农村部副部长　于康震

农业农村部始终坚决贯彻落实中央决策部署，组织各地切实抓好动物疫病防控工作。唐仁健部长一到任，就高度重视动物防疫工作，主持召开专题会议，专门研究部署动物防疫工作。冬春季节是动物疫病高发季节，农业农村部召开全国视频会议，主要任务就是贯彻落实中央决策部署和部专题会议安排，总结“十三五”时期全国动物防疫工作，分析研究“十四五”时期面临的新形势新要求，部署分区防控和2021年动物防疫重点工作任务。

一、认真总结“十三五”时期动物防疫工作，准确把握“十四五”时期面临的新形势新要求

“十三五”时期，对我国动物防疫工作来说，是极不平凡、极其艰辛的五年。面对非洲猪瘟、H7N9流感疫情的严峻挑战和机构人员变动等带来的巨大压力，各级畜牧兽医部门坚决贯彻落实中央决策部署，克服巨大困难，一场硬仗接着一场硬仗打，圆满完成各项防控任务。一是坚决打好非洲猪瘟防控攻坚战，成功从应急转入常态化防控新阶段。2018年8月发现非洲猪瘟疫情后，面对全球最大的生猪饲养量、最参差不齐的生物安全水平、最复杂的调运流通体

系、最独特的热鲜肉消费习惯等问题，各级畜牧兽医部门充分发挥牵头抓总作用，采取超常规措施，成功遏制了疫情快速上升的态势。特别是随着常态化措施逐步落实落地，疫情风险得到进一步管控。2020年，全国非洲猪瘟疫情总体平稳，为生猪生产的恢复发展提供了有力保障。已有25个省份创建了首批62个国家级非洲猪瘟无疫小区。这些无疫小区，基本代表了国内生猪养殖企业生物安全管理的最高水平，充分体现了两年多来各地防控非洲猪瘟、恢复生产发展的实践成效。目前，全国生猪产能已恢复到正常年份的90%以上，成效好于预期，各省份都完成了指标任务。二是坚决打好H7N9流感阻击战，有力维护了产业安全和公共卫生安全。2017年初，H7N9流感毒株发生变异，对家禽产生高致病危害，多个省份先后发生家禽疫情，个别地方发现人受感染的病例，社会防控和舆论压力巨大。针对当时的防控形势，我们在前期工作的基础上，从当年秋防开始对家禽进行全面免疫，迅速控制了疫情发展态势，一举扭转了被动局面，舆论反响很好。有关工作也得到了国务院领导同志的充分肯定。此外，口蹄疫等重大动物疫病和包虫病等重点人畜共患病防控也都取得良好进展。三是坚决打好动物防疫能力建设持久战，防控策略持续改进和完善。2016年以来，不断完善和优化动物防疫政策和工作机制。改革措施逐项落地，乡镇动物防疫特聘计划扎实推进，各地招募、聘用防疫专员近9 000名；强免疫苗“先打后补”改革全面推进，“养殖者防疫、受益者付费”的理念逐步深入人心，主体责任进一步压实。防控机制更加健全，包村包场排查、入场采样监测、疫情信息周报等新的制度已经有效运行，疫情报告和举报制度更加完善，养殖、调运、屠宰、无害化处理等环节的监管措施进一步完善，全产业链风险闭环管理机制基本形成。四是坚决打好养殖环节生物安全升级战，动物防疫基础设施条件显著改善。近两年来，经过非洲猪瘟等疫情的考验，养殖场户的生物安全理念迅速转变，已从“要我防”转变成“我要防”，解决了多年来想解决而未能解决的问题。管理制度不断完善，封闭、半封闭式猪舍、洗消中心、出猪台、专用车辆等各类基础设施不断升级和健全，隔离观察、清洗消毒、监测排查、疫病自检等措施全面落地。部分规模养殖场创新方式方法，运用红外测温等手段开展健康巡查，发挥智能机器人技术优势，无接触运送物资，降低疫病传播风险。各地“铁桶式”“密罐式”等防控模式逐步推广，带动行业整体生物安全水平大幅提升。

过去的五年特别是非洲猪瘟疫情发生以来的两年多时间里，动物防疫战线的同志视疫情为命令，召之即来、来之能战、战之能胜，取得了重要的阶段性成果。这些成绩的取得，是党中央、国务院坚强领导的结果，是各地党委、政府高度重视和各部门大力支持的结果，是动物防疫战线同志们努力拼搏的结果。

“十四五”时期，是开启全面建设社会主义现代化国家新征程的第一个五年，也是加快农业农村现代化建设的关键五年。党中央要求，新发展阶段必须完整、准确、全面地贯彻新发展理念，构建新发展格局，我们要在“三新”的大逻辑下，准确把握动物防疫工作面临的新形势新要求。要从发挥好“压舱石”作用的大局出发，贯彻落实做好动物防疫的新要求。中央一再强调，越是面对风险挑战，越要稳住农业，越要确保粮食和重要副食品安全。随着老百姓消费结构升级，肉蛋奶将会呈现刚性增长，对畜产品多样性、安全性的要求进一步提高。猪肉自给率要达到90%以上，目前还有不小差距。猪肉等畜产品保供的基础是畜牧业健康发展，前提是做好动物防疫工作。必须坚持防疫优先的基本原则，强化全链条防控和监管，为产业健康发展提供有力的防疫保障，确保畜产品供给充分、平衡、多样。这是动物防疫肩负的义不容辞的职责。一是要从促进乡村振兴的大局出发，认识做好动物防疫的新要求。乡村振兴，产业兴旺是关键。在当前和今后一个时期，中小规模养殖和散养仍是全国养殖结构的基本面，是传统的乡村养殖主体和畜产品供应主体，这些主体也往往是动物疫病传播流行的“重灾区”。以生猪为例，规模化养殖场的猪肉产量刚刚超过全国产量的一半，但主体数量不足1%。做好动物疫病防控，降低畜禽因病死亡率，促进养殖场户减灾增产增收，夯实乡村振兴的产业基础，是新时期动物防疫的重要任务。二是要从服务健康中国的大局出发，认识做好动物防疫的新要求。人畜共患病引发的公共卫生安全风险还在持续增加，要推动“人病兽防、关口前移”工作，实施源头防治，才能事半功倍。同时要治理兽药乱用、滥用现象，维护食品安全是我们履行政府服务职能的重要工作。只有把动物防疫工作摆在国家经济社会健康发展的大局中去谋划、思考，才能找准定位，准确识变，主动应变，圆满完成时代赋予的使命任务。

二、借鉴中南区试点经验，加快推进非洲猪瘟等重大动物疫病分区防控工作

在全国试行开展分区防控，是贯彻落实中央要求、落实新修订的动物防疫法的重要举措。自2019年3月试点以来，中南区取得了初步成效，非洲猪瘟疫情形势总体平稳，生猪生产持续加快恢复，联防联控机制运转顺畅，生猪产销衔接更加紧密。各地要积极借鉴，大胆创新，扎实推进，确保分区防控工作有序高效开展。

（一）要从政治站位、国际经验、我国实际和生猪保供四个维度科学看待分区防控，切实提高思想和行动自觉

第一，要提高政治站位。非洲猪瘟等重大动物疫病分区防控是

胡春华副总理亲自提出、亲自部署、亲自推动的重大部署，已体现在国务院办公厅印发的非洲猪瘟防控、稳定生猪生产、促进畜牧业高质量发展等相关意见中，新修订的《中华人民共和国动物防疫法》也明确了其法律地位。开展分区防控是我们必须要做且必须做好的工作。各级畜牧兽医部门必须从讲政治的角度看待这项工作，务必深刻领会中央领导同志关于分区防控区域划分、工作机制、防控目标和工作任务的重要指示精神，对分区防控的原则和重点工作任务了然于胸，对照中央领导同志的要求，找准坐标、找准方向、找准靶心，不断提升推进分区防控的能力和水平。各地要尽快行动起来，切实把思想和行动统一到中央决策部署上来，统一到国务院领导重要指示批示精神上来，统一到动物防疫法律法规的要求上来，以高度的责任感和使命感，扎实做好这项工作。

第二，要借鉴国际经验。对动物疫病实行区域化管理，是国际通行做法。成功根除非洲猪瘟疫情的国家，大多实行了分区防控。如巴西曾按地理分布和经济活动将国土划分为 5 个区域，建立统一的生猪调运控制系统，只有非疫区的生猪才能跨区调运。西班牙在非洲猪瘟防控所有阶段，坚持加强生猪调运监管，为生猪植入芯片标签，落实流行病学追踪机制要求；根据疫情形势，将全国先后分为无疫区、感染区、监视区、受影响区等不同区域，采取差异化调运监管措施。葡萄牙每年对所有猪群开展两次血清检测，根据检测结果将猪群分为净化区、污染区，采取差异化防控措施，逐步扩大净化区。此外，在目前仍有疫情的国家和地区，也都采取了分区防控的措施。如欧盟要求把存在非洲猪瘟疫情的国家划分为 4 种类型的风险区域，不同区域的动物及动物产品采取不同的调运限制、检疫监管措施，禁止由高风险区域向低风险区域跨区调运。俄罗斯将全国养猪场按生物安全水平分为 4 个等级，严格控制低等级养猪场的生猪调运和销售范围，逐步扩大高等级养猪场数量。

第三，要从我国实际出发。我国地域广阔，区域间差异较大，实施分区管理、加强分类指导，符合国情、切合实际，特别是符合国情这一点，已被过去多年的动物防疫实践反复证明。我国早在消灭牛瘟、牛肺疫的过程中，就对实施区域化管理进行了探索。1998年，我国启动无规定动物疫病区建设；2001年，启动无规定动物疫病区示范区建设。通过多年努力，已经建成4片免疫无疫区、4个高致病性禽流感无疫小区、62个非洲猪瘟无疫小区，广东从化无规定马属动物疫病区获得国际认可。无疫区、无疫小区建设和评估验收的前提，都是对特定动物群体采取严格的移动控制措施，消除疫病跨区域传播风险，进而控制和消灭动物疫病。这些做法和经验，与分区防控是相通的、一脉相承的，只是层级不同，完全可以移植和借鉴。大家都知道，非洲猪瘟发生初期，长距离调运相关因素引发的疫情一度占到40%以上。我们及时采取严格的调运监管措施，建立生猪运输车辆备案监管制度，有效地遏制了疫情大范围蔓延势头。特别是2020年5月以来，我们先后组织开展专项整治和百日打击行动，严厉打击非法调运行为，为遏制疫情蔓延奠定了坚实基础。中南区6省份开展分区防控试点以来，重大动物疫病防控能力稳步提升，非洲猪瘟监测群体阳性率下降了40%以上，疫情形势平稳向好。

第四，要落实生猪稳产保供任务。实施分区防控、加强产销衔接，目的是保障生猪产品供应畅通。2018年底，随着疫情形势的发展，全国各省生猪跨省调运，甚至省内、市内调运实际上都处于暂停状态。我们一方面强调各地不得在生猪调运政策上层层加码，另一方面及时协调有关地方开展生猪"点对点"调运、保障种仔猪调运畅通。中南区在试点过程中，分阶段实施大区外、大区内跨省

"点对点"调运生猪。2020年，中南区从区域外调入生猪同比下降了17.4%，调出生猪同比下降了44.2%。两年来，大区内生猪收购、白条肉出厂平均价格，均与全国平均价格保持基本一致，打破了很多人的担心。实施分区防控、提升生物安全水平，是促进生猪产业高质量发展的有力手段。中南区试点两年来，生猪生产快速恢复。2020年12月，中南区6个省份能繁母猪和生猪存栏，同比增长率分别超过全国平均水平3.3个和4.2个百分点。"点对点"调运措施实施后，生猪生产企业更多地在大区内、省内谋划养殖、屠宰、加工全产业链布局，科学规划和新建生产设施，生物安全防护水平明显提高。因此，实施分区防控不仅是控制和消灭非洲猪瘟的有效手段与必经途径，也是促进生猪产业提升发展质量和水平的重要举措。

（二）要从抓措施落地和创新提升两方面发力，各大区都要协同推进分区防控

一方面，要抓好各项配套措施落地，高质量完成既定任务。农业农村部经过反复研究论证并征求各部门、各地意见，制定了非洲猪瘟等重大动物疫病分区防控工作试行方案。从中南区试点情况来看，我们既定的思路、目标、机制、任务是可行的、有效的。实施分区防控，在思路上，要做到"两个坚持"，即坚持防疫优先、保供为要；把握"两个抓手"，即生猪调运监管和屠宰监管；做好"三个统筹"，即统筹做好动物防疫、调运监管和产销衔接工作。在目标上，长期目标就是要在区域内根除非洲猪瘟疫情。短期内要实现"两大目标"，即提升非洲猪瘟等重大动物疫病防控能力，为保障生猪及生猪产品有效供给提供有力支撑。当前，要尽快明确生猪调运监管等风险管理措施、降低疫病跨区域传播风险，引导生猪产业优

化布局，推动养殖、运输和屠宰产业转型升级。在机制上，抓紧建立分区防控联席会议制度，明确职责任务，建立专家咨询、定期会商、信息交流等制度，确保大区内各省份沟通密切、协调高效、步调一致，各大区之间沟通及时、交流充分、配合有效，保障各项任务的协调统一推进。需要强调的是，分区防控不改变现有动物防疫工作管理体制，不替代动物防疫工作原有职责体系，动物防疫工作依法实行属地管理，地方政府负总责、部门落实监管责任和从业者承担主体责任的三方责任体系不变。在任务上，要牢牢抓住调运监管和联防联控这两个关键。真正做到分区能分得开、维持住，联防联控能联得上、有合力。要聚焦生猪调运监管、区域内协调推进防控工作等核心内容，完善并实施差异化调运监管和“点对点”调运政策，健全生猪生产全链条动物防疫信息化管理和信息共享机制，统筹指定通道和公路检查站设置，建立和完善大区重大动物疫病防控与应急处置协同机制，探索建立疫情联合溯源追查制度，推动大区内各省份之间产业衔接和转型升级。

另一方面，要抓好创新提升，高标准实现既定目标。实施分区防控是一项全新的战略举措，各地要真抓实干、开拓创新。农业农村部制定的试行方案，对分区防控工作主要内容提出了原则要求，各地一定要因地制宜贯彻执行。中南区试点过程中，广东、福建等省份充分发挥主观能动性，初步探索出了分区防控的运行模式和工作机制。各地要因地制宜、因势利导，在坚持总体思路和目标的前提下，开阔视野、勇于开拓；在健全机制和完成规定任务的基础上，要善于集成、积极进取。对分区防控可能涉及的管理方式转变、各相关方利益调整和产业结构变革，各地要有充分估计、充足准备；要服从大局，进一步优化屠宰产能布局，推动延伸产业链，以管理创新适应新要求，以利益整合凝聚新共识，以结构优化促进新发展。

生猪及其产品的流通问题是一个焦点，要创新管理方式，各省份之间要建立高效的沟通、会商、督促、协调机制，及时共享信息、互认检测结果和联合采取防控措施，高效协调推进疫病防控和生猪生产发展等工作；各指导组和各大区要建立密切的联系、指导机制，及时协调解决大区之间和大区内重点、难点、痛点问题。要整合利益诉求，生猪产区、销区、产销平衡区利益诉求不同，大规模养猪企业和小规模养猪场（户）政策需求各异，要充分考虑各方面特殊性，更好地激发不同主体的积极性和创造性，引导不同主体共同发展、联防联控；更好地运用市场化手段，保证政策措施的可持续性、有效性和高效性。要优化产业结构，我国生猪生产优势区域布局明显，加之各地大多数居民有消费热鲜肉的传统习惯，要实现大量生猪长距离大范围调运，就要在加强生猪产销规划衔接、强化调运监管、调整产业布局、发展配套产业和冷链运输，以及消费引导等多方面协同发力，推进转变。

三、再接再厉，全力抓好 2021 年动物防疫工作

2021 年是实施“十四五”规划的第一年，是建党 100 周年，也是开启农业农村现代化建设的开局之年，做好动物防疫工作，具有特殊的重要意义。要重点抓好以下六方面工作。

一要扎实开展春秋季集中免疫工作。实施集中免疫，是经过实践证明的符合我国实际的基础性防疫措施，是这些年我们确保疫情总体平稳的重要底气。要继续组织好 2021 年的春秋两防工作，春防疫苗还没有完成招标、供应还没有到位的，要抓紧落实，确保供应充足。要按照 2021 年全国强制免疫计划，结合新冠肺炎疫情防控要求，抓紧完善本辖区的强制免疫方案，确保高致病性禽流感、口蹄

疫等重大动物疫病“应免尽免”。2020年秋防检查不合格的地方，要对症下药，抓好整改落实，不能再有丝毫疏漏。对于小反刍兽疫、猪瘟、高致病性猪蓝耳病也不能掉以轻心。2021年的春季集中免疫工作要尽早开始全面启动，力争5月上旬完成，6月开展全国交叉检查；9月初全面启动秋季集中免疫工作，力争10月下旬完成，11月开展全国交叉检查。各地集中免疫工作完成后，要及时报告，我们将适时组织开展检查。近两年交叉检查发现问题的市、县，2021年将被列为重点检查对象，开展“回头看”工作。

二要毫不松懈抓好非洲猪瘟常态化防控工作。这仍是当前防控工作的重中之重。要紧绷常态化防控这根弦，不麻痹、不懈怠、不放松，继续实施重点区域和场点入场采样监测制度。2020年秋防期间，有检查组反映，个别省份存在监管漏洞，没有将规模猪场全部纳入抽检范围，大家要引以为戒。要严格落实全产业链防控和监管措施，严打不按规定申报检疫、转移和贩卖病死猪等违法违规行为，巩固2020年专项整治成果。督促落实屠宰环节“两项制度”要再加力，对屠宰环节自检发现阳性、及时报告和处置的，经检测合格可立即恢复生产，并探索给予适当支持和奖励。对在市场流通环节肉品中检出阳性的，要彻查有关屠宰企业“两项制度”落实情况，发现不落实或弄虚作假的，依法对企业和驻场官方兽医从严从重追究责任。还有非洲猪瘟新毒株的问题，不论是自然变异毒株，还是疫苗毒株，现行的常态化措施都是有效的，关键在于高度重视，及时监测发现、果断处置。要研究推广采样监测新技术新手段，提高早期筛查效率，发现监测阳性的，及时按规定处理。对发现的阳性样品，要开展实验室鉴别检测，发现基因缺失毒株的，要第一时间报告农业农村部，并立案查处。监督研发单位要加强内部管控，防止毒株流出。鼓励相关科研单位和企业加大攻关力度，研发具备鉴别检测能力的诊断试剂，注册评审时予以优先评审。要加大宣传力度，引导养殖场户和从业人员共同抵制非法疫苗。

三要统筹防控好其他重点动物疫病。在抓好非洲猪瘟防控的同时，高致病性禽流感等其他重大动物疫病防控也不能放松，不能“按下葫芦起了瓢”。要加快使用新换毒株疫苗实施免疫，全面构筑防控屏障，巩固防控成效。同时，积极协调林草部门，加大对候鸟迁徙通道、野禽栖息地等重点区域的监测力度，发现异常的，要指导当地养殖场户加强防范。当前仍处于牛结节性皮肤病防控的关键时期，要按照防治技术规范要求积极应对，发生疫情的地方以县为单位实施免疫，确保将风险处置在疫点上，防止扩散。要加强沟通协调和宣传指导，做好进境活牛的落地报告和检疫监管。继续实施布病分区管理，推进养殖场净化，疫情较重的地区要采取有力措施，尽快把群体阳性率降下来。要加强与海关、林草、公安等部门协作，防好境外疫情，密切关注国际上特别是周边国家的非洲马瘟等境外疫情动态，加大重点区域监测力度，指导养殖场户防范媒介昆虫，加强针对性防堵。要指导养殖场户落实免疫、生物安全防护等综合措施，加强仔猪腹泻等常见病防控，避免重蹈覆辙。

四要继续推进区域化管理。要全面推进分区防控，会后要进行具体部署和全面准备，确保在 2021 年 4 月全面实施。大力开展无疫区和无疫小区建设。2020 年下半年以来，各地积极推进非洲猪瘟无疫小区建设，各级畜牧兽医部门加强技术指导，迅速掀起了区域化管理的新高潮，行业和社会反响很好，这项工作要继续推进。第一批无疫小区建设和评估时间紧、任务重，我们确定了建设的原则。从 2021 年开始，我们将不再设置指标，坚持“科学规范、宁缺毋滥，成熟一个、评估一个”的原则，鼓励各地进一步拓展建设范围，加快非洲猪瘟无疫小区建设，同时鼓励支持具备条件的地区建设无疫区。动卫中心和评估专家委员会要认真总结前期工作经验，推动评估工作标准化、程序化、规范化，更好发挥省级畜牧兽医主管部门的作用和加强省里专家的力量。要继续推进动物疫病净化，以种畜禽场为重点，优先净化垂直传播疫病，创建一批动物疫病净化示范场。逐步形成分区防控、无疫区及无疫小区、净化示范场“三位一体”、紧密衔接的生物安全防护体系，不断夯实产业持续健康发展的基础。鼓励各地结合实际，探索建立政策支持体系，农业农村部将在各地探索基础上，推动建立国家层面的支持政策。

五要提升综合防控能力。要强化疫情监测预警，进一步压紧压实包村包场排查责任。鼓励各地研究推广信息化、智能化的采样技术设备，避免因入场采样监测造成疫病传播。要健全动物疫情信息报告制度，严格举报核查。我们始终坚持“不唯疫情论英雄”的原则，有疫无疫、有阳性无阳性都有自然灾害的属性，都是正常现象，大家要放下包袱，切实做好疫情监测和报告工作。要强化日常应急演练和应急物资准备，宁可备时无用，不可用时无备。不断完善动物防疫应急机制、体系和措施，时刻做好打大仗、打硬仗的准备。要进一步完善部门联防联控机制，充分发挥多部门联合监管作用，重点加强疫情报告、调运、屠宰等关键环节监管，监督落实现行措施。要扎实推进“先打后补”改革，鼓励龙头企业和专业单位组建动物防疫服务团队，面向社会提供“一条龙”“菜单式”的防疫服务。

六要全面推进依法治疫。依法防治是动物防疫“24 字方针”的重要内容。新修订的《中华人民共和国动物防疫法》于 2021 年 5 月 1 日实施，其中新增了分区防控、疫病净化等新要求，完善了部分原有制度，明确了相应罚则，是下一阶段推进依法治疫的根本遵循。在立法方面，要立足建立健全长效机制，进一步完善配套法规和规章制度，将补短板、强弱项作为下一步立法和顶层设计的重要方面。在执法方面，要突出加强产地检疫和调运监管，督促落实检疫申报、车辆备案和指定通道等一系列制度。严格按规程实施检疫，对“隔山开证”甚至买卖检疫证明的，务必依法严惩。在司法方面，要加强与公安等部门协作配合，重拳打击违法行为，定期通报典型案例，形成震慑。在普法方面，要加强法律知识宣传，引导全社会特别是从业人员自觉守法，让法治成为动物防疫的基本共识和行为准则。要严打非洲猪瘟疫苗非法制售和使用，组织开展拉网式专项检查和“四不两直”暗访调查，对辖区内的兽医实验室、疫苗生产经营企业、养殖场户开展一次全面检查。发现违法研制、生产、经营、使用非洲猪瘟疫苗的，一律从严从重查处。对违法生产经营企业要依法吊销许可证，主要负责人和直接负责的主管人员终身不得从事兽药生产、经营活动，构成犯罪的，依法追究刑事责任。要建立有奖举报制度，让违法者在群众监督的汪洋大海中无处遁形。对监管部门工作人员和违法者同流合污的，要坚决清除出队伍，以最大的决心、最严格的措施，严打有关违法犯罪行为。

（中华人民共和国农业农村部供稿）

凝心聚力　履职尽责　奋力推进卫生应急工作深入发展

——在2019年全国卫生应急工作会议上的讲话

国家卫生健康委员会副主任　于学军

同志们：

2019年全国卫生应急工作在云南召开。这次会议的主要任务是以习近平新时代中国特色社会主义思想为指导，深入贯彻落实党的十九大和十九届二中、三中全会精神，落实全国卫生健康工作会议要求，研究部署2019年卫生应急工作，突出重点，强化落实，为实现卫生应急体系和能力建设目标，推进健康中国建设和全面建成小康社会奠定基础。刚才，7个省份卫生健康委和单位的代表作了很好的交流发言，他们的做法与经验值得大家学习和借鉴。中国疾病预防控制中心的同志介绍了2019年传染病类突发公共卫生事件风险评估及防控措施建议，大家要高度重视，注重关口前移，提前化解风险。下面，我讲三点意见。

一、2018年卫生应急工作取得显著进展

2018年是全面贯彻党的十九大精神的开局之年，是实施“十三五”规划承上启下的关键一年。在以习近平同志为核心的党中央坚强领导下，国家卫生健康委党组和各级党委、政府带领全国卫生应急战线的同志们，坚持新时代卫生应急发展理念，着力推进卫生应

急体系和能力建设，快速应对各类突发事件，各项工作取得新进展。

（一）突发公共卫生事件防控工作成效明显

新发传染病和传统烈性传染病得到有效控制。联防联控工作机制不断巩固深化，源头管控、疫情监测和健康管理等措施全面落实，H7N9、H7N4、H5N6 等人禽流感，寨卡病毒病、动物鼠疫等多起疫情得到及时处置。国际关注的境外传染病疫情实现零输入。埃博拉、中东呼吸综合征等境外疫情的监测网络不断完善，情报收集渠道不断拓宽，风险评估工作深入开展，各项防控措施更加科学精准。同时，国家卫生健康委还牵头总结 H7N9 五年防控工作经验，积极探索人感染禽流感防控模式，进一步强化流感大流行应对准备。2018 年，全国共报告 1 940 起突发公共卫生事件，无特别重大突发公共卫生事件，相关社会舆情持续稳定向好。

（二）突发事件紧急医学救援工作有力有效

自然灾害卫生应急工作全面加强。各级卫生健康部门提前部署卫生应急力量和资源，第一时间启动灾后卫生应急响应，有效协调医学救援力量投入救灾，部分省份的局部洪灾、东南沿海地区的“山竹”台风等灾害医疗卫生服务得到有效保障，实现了灾后无大疫的目标。事故灾难和社会安全事件医学救援有序开展。“11·28”河北张家口爆燃事故、重庆巴南幼儿园恶意伤人等事件发生后，地方卫生健康部门第一时间落实重伤员快速转运和区域紧急医学救援中心集中收治等工作；国家卫生健康委派出 110 余名国家级专家，各省份派出 2 000 多人次专家，在伤员救治等医学救援工作中发挥了重要作用。重大活动和节假日的卫生应急保障工作持续强化。提前开展专题公共卫生风险评估，制定卫生应急预案，积极调动医疗卫生力量充分准备，切实强化卫生应急值守，有力保障了中非合作论坛北京峰会、上合组织青岛峰会、中国国际进口博览会等重大活动和春节、国庆等节日的公共卫生安全。

（三）卫生应急能力建设持续推进

卫生应急专家队伍建设已成规模。卫生应急专家库建设工作取得成效，继续推进58支国家卫生应急队伍建设和管理。国家卫生应急队伍全年累计参与突发事件处置200起，开展演练和“平急结合”活动230余次。全国共建成省级各类卫生应急队伍500余支，市、县卫生应急队伍1.5万支，同时，国家和省级医疗卫生机构的专家积极开展卫生应急现场指导，这些已经形成了现场处置的“拳头”力量。紧急医学救援基地建设稳步推进，启动四川、湖南、浙江、海南、北京、上海6地区的国家紧急医学基地试点建设，探索国家综合、海（水）上、航空三类基地建设模式。各地积极开展省级紧急医学救援中心建设，目前已建成综合类中心39个、航空类中心20个、海（水）上类中心9个、中毒专科类中心27个、核辐射专科类中心27个。突发急性传染病防治能力明显加强，全国已有80％的地级市能在48小时内完成重点病原体样本的检测，84％的鼠疫监测县实验室标准化建设达标；100％的省指定了定点救治医院，并配有负压病房，91％的地级市指定了定点救治医院，快速检测和专科救治能力不断增强。

（四）卫生应急管理水平不断提升

应急值守不断夯实，值班的职责、任务、流程、纪律进一步规范和明确，事件监测、核实、报告、处置等工作的效率与质量明显提升。2018年，国家卫生健康委向中央办公厅、国务院办公厅共报送卫生应急相关值班信息123期，占国家卫生健康委所报信息的半数以上。及时准确的信息报告，为党中央、国务院领导决策提供了有力依据。多部门应急协调机制日益优化，突发公共卫生事件信息沟通和措施联动高效运转，积极落实突发公共卫生事件核实、判定和通报规则，有效实施《国际卫生条例（2005）》。培训演练工作全面加强。全国卫生应急培训演练数量和质量不断提高，举办了京津冀、苏鲁皖豫、沪浙苏皖、粤港澳等多个区域演练。卫生应急宣教持续深入。发布《公民卫生应急素养条目》，推动卫生应急文化研究和先进事迹发掘；各地开展了“应急之声”栏目、情景剧展演、应急队歌征集、千人急救操等活动，提升了社会公众认知水平和自救互救能力。

同时，国家卫生健康委还积极参与国际卫生应急事务。派出公共卫生专家组，支援马达加斯加鼠疫防控，以及刚果（金）、乌干达埃博拉出血热疫情防控，展示负责任大国形象。在2018年5月的世界卫生大会上，四川大学华西医院承建的国家卫生应急队伍成为全球首支非军方、最高等级的国际应急医疗队，世界卫生组织总干事谭德塞亲自授旗，标志着中国卫生应急队伍走在了世界前列。

卫生应急成绩的取得，离不开党中央、国务院的高瞻远瞩、英明领导、科学部署；离不开各级党委、政府以及卫生健康部门的坚决贯彻落实；离不开各级医疗卫生机构、广大医疗卫生工作者，积极弘扬生命至上、安全第一的思想和践行“敬佑生命、救死扶伤、甘于奉献、大爱无疆”的崇高精神；离不开各部门、各行业一如既往的理解关心和支持配合。在此，我谨代表国家卫生健康委，向所有战斗在卫生应急战线上的同志表示由衷的敬意和诚挚的慰问！向一直关心、支持卫生应急工作的各部门、各单位以及解放军的同志，向香港、澳门卫生领域的同人表示衷心的感谢！

二、深刻理解新时代卫生应急职责使命

在党的十九届三中全会上，党中央作出深化党和国家机构改革的重大部署，新组建国家卫生健康委员会，将“负责卫生应急工作”纳入其职责范围。各省（区、市）党委、政府按照党中央、国务院的部署，机构调整已基本到位，市、县级机构改革正在有序推进。总的来说，此次机构改革中，卫生应急职能得到进一步加强。这充分体现了党中央国务院对卫生健康部门的高度重视，对卫生健康这条战线的高度信任，对我们也是巨大的鼓舞和鞭策。新时代，我们要以强烈的使命担当、精湛的业务本领、扎实的工作作风，把中央赋予的职责履行好。要弘扬“生命至上、安全第一”的思想，主动用新时期的卫生和健康工作方针武装头脑，用大卫生、大健康的理念统领卫生应急工作，积极融入健康中国建设和公共安全体系全局，为人民生命健康和国家公共安全作出贡献。重点要发挥好以下三个作用。

（一）坚守突发公共卫生事件防控底线，发挥好防范化解重特大公共卫生风险的作用

习近平总书记在2019年1月省部级主要领导干部坚持底线思维着力防范化解重大风险专题研讨班开班式上强调，“要坚持底线思维，增强忧患意识，提高防控能力，着力防范化解重大风险”。突发公共卫生事件事关人民群众生命健康，是政府工作重点、社会关注热点、媒体报道焦点。做好突发公共卫生事件防控是卫生健康部门的重要职责，更是政治任务。新时代，我们要不断增强政治敏感性，将突发公共卫生事件防控的底线下沉，实现从事件的被动监测应对，

向风险的主动防范化解转变，努力将突发公共卫生事件遏制在萌芽、防范于苗头，最大限度地降低其影响危害。围绕突发公共卫生事件应对的预防准备、监测预警、应急处置、善后评估等各环节，我们要着力提升以下 4 种能力。

一是开展风险管控，提升预防准备能力。要健全突发公共卫生事件风险分析研判机制，严格管理各类风险因素，通过多部门机制强化风险源头和安全隐患管控，制定细化防范措施，运用现代科技手段积极防范化解重特大突发公共卫生事件风险隐患，减少突发公共卫生事件的发生概率。

二是探索综合监测，提升发现报告能力。要进一步规范传染病疫情和突发公共卫生事件网络直报工作，提高监测报告质量。要强化媒体信息监测工作，及时收集、分析突发急性传染病和突发公共卫生事件相关信息及舆情形势。要扩大卫生健康部门内监测工作覆盖面，整合已有监测资源，优化监测方式方法，拓宽监测信息渠道。要强化对联防联控各部门相关信息监测工作，及时获取突发急性传染病和突发公共卫生事件相关线索。

三是强化联防联控，提升专业处置能力。要发挥联防联控牵头部门作用，健全机制运行规则，主动加强协调对接，实现成员单位职能优势互补、信息资源共享、应急措施联动，不断提升突发公共卫生事件处置效能。要强化疾病预防控制机构技术支撑作用，国家和省级疾控部门要巩固加强“一锤定音”能力，市、县级疾控机构要大力加强现场保护、流行病学调查、病患隔离、样本规范采集运输等现场处置能力。

四是加强总结评估，提升事件应对能力。要加强突发公共卫生事件事前、事中、事后的阶段性评估，针对事件发展各阶段的变化和评估结果，及时调整应对策略措施，科学总结经验教训，以进一步完善事件应对准备。要改进总结评估方法，强化事件发生后的第一时间总结，探索引入第三方评估的工作机制，积极开展对应急管理、专业技术应对及社会经济效益等综合评价。

（二）统筹突发事件紧急医学救援全链条，发挥好优化整合医学救援资源力量的作用

卫生健康部门是自然灾害、事故灾难和社会安全事件应急救援的重要参与部门，承担挽救生命、减少伤亡的崇高使命。当前，我国工业化、城市化进程明显加快，城市人口、功能和规模不断扩大，城乡界限逐渐模糊，但相关公共服务设施、社会治理措施并未完全跟上城市化速度，自然灾害、事故灾难、社会安全事件造成的公共安全风险凸显。新时代，我们必须迎难而上，化危为机，通过强基础、补短板、建机制，把紧急医学救援工作做得更细、更实、更准。围绕现场检伤分类救治、伤员快速安全转运和医院批量收治的“两点一线”，扎实做好各项工作。

一是全面提升现场处置能力。要统筹突发事件现场紧急医学救援各项工作，同步落实医疗救治、疾病防控、卫生防疫、心理援助、健康宣教、物资保障等救援措施。要不断完善卫生应急指导专家库建设工作，明确专家管理调派和现场工作的规范，建立现场专家组组长负责制度，提升应急反应效率。要以“切实际、可持续、促发展”为目标，切实履行国家卫生应急队伍建设管理的属地责任，完善规章制度和工作流程，不断提高队伍精细化管理水平；探索建立针对不同应急任务的卫生应急队伍抽组模式，强化以不同作战单元为单位开展现场处置的能力。

二是推进突发事件伤员的陆海空医疗转运。要充分发挥院前医疗急救机构和大型综合医院的作用，加强与交通运输、铁路、民航

部门的协调，动员相关社会资源力量，探索建立重大突发事件伤员医疗转运机制。要明确现场处置队伍、途中转运队伍和后方收治医院的职责任务，规范伤员转运工作流程，切实提升突发事件伤员快速安全转运的能力。近期重点探索建立突发事件伤员空中医疗转运机制，积极稳妥推进航空医学救援工作。

三是加强医疗机构的伤员救治能力。要加强基层医疗机构的快速反应能力，充分发挥县级人民医院“第二现场”作用，强化医院突发事件医疗救援应急预案编制和演练，进一步优化院前院内衔接机制，规范检伤分诊、快速转运、集中收治和信息报告等工作流程。要提升大批量伤员医疗救治能力，布局建设国家紧急医学救援基地，加强批量重症伤员收治、信息指挥联通、直升机停机坪、航空医疗救援队伍等基础建设。同时，指导各地建设一批区域紧急医学救援中心，逐步构建以国家基地为支柱、以区域中心为骨干、以县级医院为基层站点的全国紧急医学救援网络。

（三）破解卫生应急体系能力建设重点难点问题，发挥好卫生应急管理的牵头作用

卫生应急体系是在一次次突发事件应对处置中，不断总结经验、汲取教训、发现不足、及时改进而快速发展起来的。在实践中，我们摸索出“一体两翼”卫生应急总体发展思路，印发了“两规划一指导意见”，提出了新时代卫生应急发展的目标任务，不断丰富了卫生应急体系的内涵和外延，逐步深化了我们对卫生应急的理解认识。当前，我们要按照习近平总书记关于提高风险化解能力的要求，强化使命担当，着力从以下五个方面推动卫生应急体系能力建设。

一是重视预案的完善和管理。在国家强化社会管理职能和公共安全的大背景下，预案管理将是卫生应急管理的重要抓手。要强化

预案的刚性约束，贯彻落实相关法律法规要求，实化、细化相关部门、各级卫生健康部门职责和人员权限，形成权责清晰、运转高效的组织构架。要强化预案科学性、针对性，遵循“风险管理”和“情景构建”的新理念，基于风险评估和应急资源调查结果编制应急预案，细化应对措施、处置流程和保障措施，使不同层级和不同类别的预案内容各有侧重，达到实用、管用、好用的效果。

二是加强卫生应急演练。要以目标和问题为导向，围绕能力短板和常见突发事件的风险，创新方式方法，把“情景构建”渗透到演练的全过程。要结合实际、科学设计，有针对性地开展实战演练和桌面推演，重点提高应急指挥人员的指挥协调能力、应急队伍应对各类突发事件的实战能力。要统筹规划、精心组织，鼓励各地开展跨省区、跨类别的国家卫生应急队伍联合演练，提升队伍协同应对突发事件的能力。演练结束后，要及时开展评估总结工作，分析梳理问题并改进工作的方案，不断完善应急预案，改进应对准备，提升实战能力。

三是加强突发公共卫生事件风险沟通。要坚持预防为主，预防是防范突发公共卫生事件最经济、最有效的健康策略，也是应对突发公共卫生事件最主动、最积极的工作举措。要通过充分利用主流媒体以及全国 12320 卫生热线、网站、微博、微信等新媒体服务平台，及时宣传党和政府的防治举措，推行健康文明的生活方式，告知公众疫情危害和科学防控知识，强化公众个人健康意识和责任，减少疾病发生。要重视基层，不断巩固强化城乡基层医疗机构突发公共卫生事件的监测报告制度，提升各类突发事件紧急医学救援信息报告能力，筑牢人民群众生命健康安全的防线。要坚持依法、公开、及时、透明的原则，发布突发公共卫生事件应急处置信息。要加强舆情监测，组织专家回应社会关切，引导群众科学理性认知疫情。要及时准确将疫情情况向国际社会通报，坚持“边做边说”，引导国际社会正面、积极地看待防控工作。

四是坚持国际视野。面对重大公共卫生安全挑战，任何国家都难以独善其身。卫生健康部门要主动协调、密切配合边境口岸检疫部门，主动向周边国家、国际组织了解跟踪和研判境外疫情情况，不断提升我国边境地区、通航口岸防范能力，筑牢防范重大传染病输入的“国门”屏障。要与外交、商务、国际发展合作等部门加强联系，畅通参与国际关注突发公共卫生事件应对工作的渠道和机制。要与香港和澳门紧密沟通，继续深化与港澳地区的卫生应急合作协议，充分依托粤港澳大湾区的独特平台优势，推动大湾区在加强传染病防控、自然灾害医学救援、应急队伍建设、联合演练等方面的合作交流，为内地与港澳合作发挥示范带头作用。要积极参与国际卫生应急合作交流，学习借鉴国际先进经验，总结分享中国方案、中国经验，积极参与全球卫生安全领域的治理，不断提升在全球的影响力。

五是充分发挥智力支撑作用。要着力强化信息技术在卫生应急工作中的应用，围绕卫生应急业务需求，建设适用于各级卫生健康部门的卫生应急指挥系统，充分运用多种信息化技术有效提升卫生应急能力和工作水平。要重视基础性、理论性、前瞻性问题研究，可委托高校、科研机构、学会协会等开展对卫生应急工作的政策理论探索和研究，加强卫生应急管理及专业技术相关规范标准研究。要积极推进卫生应急学科建设，重视卫生应急管理及专业人才培养，引导协调院校加强临床医学、预防医学等专业本科生的卫生应急能力培养，开展卫生应急相关学科研究生学历教育。要加强科技支撑，面向卫生应急重大需求，推进卫生应急科技攻关、装备研制和应用示范工作。

三、扎实做好2019年卫生应急工作

2019年，卫生应急工作要以人民为中心，围绕服务卫生健康改革发展的大局，坚持底线思维，突出重点，强化落实，不断强化卫生应急体系能力建设，有力高效开展突发公共卫生事件防控和突发事件紧急医学救援工作，保障人民群众应有的获得感、幸福感和安全感。当前，全国各地卫生工作正在有序开展，我着重强调以下六项工作。

（一）全力做好突发事件应对准备

2019年，是中华人民共和国成立70周年，是决胜全面建成小康社会的关键之年，既是大庆之年，也是敏感之年。各级卫生健康部门要从政治大局出发，坚决克服麻痹思想和侥幸心理，坚决打好防范化解重大公共卫生风险的攻坚战，切实保护人民生命安全和身心健康，维护社会大局稳定。要密切关注境内外突发急性传染病疫情态势，做好人禽流感、中东呼吸综合征等突发急性传染病防范和应对准备工作。一旦有疫情发生，要迅速采取措施，及时有效处置，严防疫情传播。要继续强化卫生应急值守、事件报告和快速反应处置，落实卫生应急防灾备灾救灾措施，迅速、有效开展各类突发事件的医疗卫生救援工作。

要加大卫生应急处置工作的宣传力度，协调支持主流媒体、互联网媒体，跟踪采访医疗卫生人员参与事件处置全过程，深入挖掘卫生应急的典型案例和感人事迹，向社会展示良好的卫生健康行业形象，力争每一件突发事件卫生应急处置工作都做到新闻有发布、媒体有报道、行业有宣传。对在突发公共卫生事件应急处置和突发

事件紧急医学救援工作中表现突出的地区、单位和个人，各级卫生健康行政部门、医疗卫生机构要根据相关法律法规的规定，给予表扬和奖励，进一步调动各级各类医疗卫生机构和广大医疗卫生人员参加卫生应急工作的积极性。

（二）加强关键问题的调查研究

国家卫生健康委将开展卫生应急体系能力建设现状调查，摸清卫生应急体系能力建设本底，明确优先领域，采取针对措施，推进卫生应急体系能力建设。组织开展突发公共卫生事件网络直报现状调查，了解报告质量和报告标准执行情况，深入分析存在的问题和原因，进一步规范突发公共卫生事件网络直报工作。开展突发公共卫生事件综合监测试点，探索建立符合我国国情的综合监测工作模式。加强鼠疫防控策略研究，明确新时代下我国鼠疫防控战略、策略、政策、规划及措施。

（三）加强预案梳理完善和指挥系统管理

国家卫生健康委要全面梳理卫生应急相关专项预案、部门预案、技术方案，研究完善突发公共卫生事件分级标准。各地要进一步落实《突发事件卫生应急预案管理办法》，加强预案信息化建设，鼓励在卫生应急指挥系统加入预案模块，提高预案的可视化和可及性。推进国家卫生健康委卫生应急指挥系统软件开发，推动卫生应急指挥系统应用软件标准和规范的制订，探索实现与各地卫生应急指挥系统信息数据的互联互通，逐步完善卫生应急指挥系统管理。

（四）加强卫生应急队伍建设管理和演练

已建成国家卫生应急队伍（车载队伍）和国家卫生应急移动处

置中心（帐篷队伍）的省份，要进一步规范队伍的运维保障和管理使用，要积极开展“平急结合”活动，鼓励队伍到贫困地区执行健康扶贫任务。要支持具备条件的队伍完善航空医学救援功能。正在开展队伍建设的省份，要加快进度，并着力加强现场处置、装备保障和远程投送能力建设。要强化情景构建，开展切合实际、形式多样、针对性强的卫生应急实战演练和桌面推演。要注意做好演练的行业内外宣传，规范使用卫生应急标识和队伍服装，积极塑造卫生应急团队形象，提升行业内外对卫生应急直观化、形象化认识。2019 年，国家卫生健康委将举办一次综合性卫生应急演练。

（五）推进紧急医学救援国家基地和区域中心建设

各地要高度重视，将其作为提升紧急医学救援能力的重要抓手，统筹、调配和使用本区域最优公立医疗资源，发挥出牵引、带动作用。已承建国家综合、海（水）上和航空紧急医学救援试点基地的省份，要总结试点建设的经验和模式，组织编制基地建设指南和评估方案。承担国家和省级核辐射紧急医学救援基地建设的省份，要继续有序推进项目实施。各地要按照“成熟一个，发展一个”的思路，深入推进本省份区域紧急医学救援中心建设。各委属委管医院要提升认识，敢于先行先试，将其作为体现医院公益性、提高群众获得感的重要措施着力推进。

（六）加强卫生应急基础保障

各地要深入解读《公民卫生应急素养条目》，普及卫生应急科普知识和技能，广泛开展卫生应急“五进”活动。要配合教育部门开展医学专业本科生的课程设置和研究生的学历教育。要持续加强卫生应急政策、理论、方法、应用技术研究，推动解决重点难点问题。

配合工信部门完善卫生应急医药物资储备的目录和调用机制，强化卫生应急物资储备工作。要积极将卫生应急列入中俄、中日韩、G20 等双边、多边机制协议内容，持续扩大卫生应急的国际影响力。指导天津、澳门积极推进国际应急医疗队建设工作，力争在第 72 届世界卫生大会前顺利通过世界卫生组织专家组的评估认证。

同志们，让我们在以习近平同志为核心的党中央坚强领导下，不断开拓创新、锐意进取，注重精准发力、苦干实干，发扬卫生应急一贯的工作作风，坚决把各项工作抓实抓细，奋力推进卫生应急工作深入发展，为人民群众生命健康安全提供坚实保障，为实现健康中国战略目标和全面建成小康社会贡献力量！

（中华人民共和国国家卫生健康委员会卫生应急办公室供稿）

振奋精神　担当作为　扎实有序高效做好卫生应急工作

——在2021年全国卫生应急工作视频会议上的讲话

国家卫生健康委员会党组成员、副主任　雷海潮

同志们：

2021年度卫生应急工作会议的主要任务是深入学习贯彻落实习近平总书记关于新冠肺炎疫情和突发公共卫生事件防控等一系列重要指示批示和讲话精神，贯彻落实全国卫生健康工作会议要求，总结2020年工作，分析当前形势，部署2021年重点任务，确保扎实有序、科学规范处置突发公共卫生事件和各类突发事件紧急医学救援，保障人民群众生命安全和社会稳定，为“十四五”开局起步保驾护航。刚才，6个省（区、市）卫生健康委作了交流发言，他们的做法和经验值得大家学习和借鉴。中国疾病预防控制中心介绍了2021年传染病类突发公共卫生事件风险评估及防控措施建议，大家要高度重视，提前防范和有效化解潜在风险。

下面，我讲三点意见。

一、2020年工作回顾

（一）全力以赴抗击新冠肺炎疫情

新冠肺炎疫情是百年来全球发生的最严重的传染病大流行，也是百年不遇的突发公共卫生事件。面对前所未有、突如其来、来势

汹汹的疫情天灾，习近平总书记亲自指挥、亲自部署，全国人民凝聚起抗击疫情的磅礴力量，全国医疗卫生人员以对人民健康高度负责的担当，切实履行突发公共卫生事件应急处置职责，迅速集结到抗疫一线，坚定不移地开展疫情防控，取得了抗疫斗争重大战略成果，与全国人民一道谱写了伟大的抗疫精神。卫生应急领域紧紧围绕打赢疫情防控阻击战工作主线，重点抓了三个方面的工作。

第一个方面是紧抓现场应急和统筹协调工作。卫生应急工作人员是新冠肺炎疫情应对的急先锋，冲锋在疫情防控第一线，发挥疫情防控“千里眼、顺风耳、飞毛腿”的重要作用。一是获悉湖北省武汉市监测发现不明原因肺炎病例，及时报告疫情，立即组织专家，第一时间赶赴武汉进行流行病学调查，果断采取措施开展防控工作。二是及时提出将新冠肺炎纳入法定报告传染病、实行“乙类甲管”的建议，推动疫情防控措施有法可依。三是在50个部门参与的国务院应对新冠肺炎疫情联防联控工作机制中承担重要角色，发挥重要作用，促进部门间、区域间信息共享和措施联动，汇聚防控合力。四是动态调整应急响应级别和风险等级，明确省市县疫情防控分级标准、级别评估原则、启动和调整应急响应的程序，各地实行分地区、分级别、差异化的应急响应，为有序复工复产复商复市复学提供有力保障。五是疫情防控转入常态化后，统筹卫生健康系统管理干部和技术专家，组建国家常备工作队打好阻击战，有效处置了山东青岛，新疆喀什，天津滨海新区，四川成都，新疆吐鲁番，内蒙古满洲里，辽宁大连和沈阳，河北石家庄和邢台，吉林长春和通化，黑龙江绥芬河、东宁、黑河、绥化、哈尔滨等地的多起聚集性疫情，为群众欢度春节创造了安全健康的环境和氛围。

第二个方面是紧抓先手工作和重点工作。适时完善预案和加强演练是开展疫情防控的“先手棋”。一是国家层面编制印发了《新冠肺炎疫情防控应急预案》和《应对秋冬季新冠肺炎疫情应急预案》，有效指导各地开展疫情防控。二是各省份动态完善新冠肺炎疫情防控预案，并从实战出发举办应急演练，强化实用技能，提升工作绩效，去年全国各地累计开展了近万次各种形式的应急演练，参加演练人员累计达到 360 万人次，为有力有效有序处置散发病例和聚集性疫情，夯实了能力和经验基础。

境外输入是疫情防控的主要风险点，口岸城市首当其冲，抓好口岸城市防控就抓住了疫情防控的纲要。一是及时印发关于加强陆路、航空、海港口岸新冠肺炎输入性疫情防控工作的指导意见，指导口岸城市加强能力建设。二是 8 个陆路口岸省份强化党政军警民“五位一体”防控机制，建立与周边国家和地区的会晤机制，实现关口前移，筑牢边境防线。三是 137 个陆路、航空、海港口岸城市，紧紧围绕机场转运、定点医院救治和隔离点管理等关键环节，快速提升转运、检测、隔离、收治等四大能力，实现从“国门”到“家门”的全链条管理，筑牢边境防线。

第三个方面是紧抓信息报告和法制建设。卫生应急以对生命负责、对国家负责、对历史负责的态度，快速建立严格专业的信息“日报告”“零报告”制度，依法依规做好疫情信息报告和发布。一是全国各地从事应急工作的同志放弃节假日，吃住在办公室，24 小时坚守岗位，周而复始、月复一月，上下同心，默默奉献，忘我工作，2020 年累计统计数万张报表、1 000 万个数据，为中央准确掌握疫情动态和走势提供重要信息支持，为各地党委政府启动应急响应机制并采取适宜防控措施提供关键依据。二是全国各地累计发布 1 万余期疫情信息，被互联网各大媒体转发引用超过 1 亿次，及时回应社会关切，引导疫情网络宣传主旋律，起到了顺民意、定民心的作用。三是定期向世界卫生组织和有关国家通报疫情信息，坚决反对污名化和疫情政治化，国家层面和各地作了大量细致入微的工作，及时向国际社会通报疫情信息，以事实应对个别国家滥诉。

新冠肺炎疫情防控是一个系统性工程，涉及社会治理的方方面面。各地应急工作机构始终因时因势调整工作着力点，积极负责和参加社区防控、口岸防控、医疗救治、物资保障、政策制定、预案演练、社会动员、国际援助等各项工作。2020 年，全国人大启动了强化公共卫生法治保障立法修法工作，我们注重总结疫情应对经验教训，充分发挥专家学者的技术支撑作用，将行之有效的做法纳入法律内容，切实做好《中华人民共和国突发事件应对法》《中华人民共和国传染病防治法》《突发公共卫生事件应急条例》等法律、法规的制修订工作。北京、天津、上海、深圳等地先行先试，结合疫情发展形势已经修订、制定突发公共卫生事件应急条例。

2020 年是极不平凡的一年，面对新冠肺炎疫情，工作压力之巨大、工作任务之繁重、工作时间之长久都属罕见。各级各地应急人员服从大局、召之即来、来之能战、战之能胜，发挥了特别能吃苦、特别能战斗、特别能奉献的精神，见红旗就扛、见责任就担、见工作就干，宏观上统筹协调疫情防控各条线，中观上细化制定防控措施，微观上深入研究个案数据，承担的各项工作都有声有色有成效。2020 年取得武汉、湖北保卫战的决定性成果；年终岁尾时，成功稳控北京、河北、黑龙江、吉林、上海等地疫情，春节前交出了几份满意的疫情防控答卷。各级各地应急工作体系经受住了严峻考验，体现出了高度政治责任感和爱岗敬业的奉献精神。在此，我向大家说一声辛苦了！向你们致以崇高敬意！

（二）持续做好鼠疫、禽流感等疫情防控

2019 年末，内蒙古 1 起肺鼠疫疫情输入首都北京，引起党中央、

国务院的高度重视和全国关注。2020 年，我国北方和西部地区鼠疫疫源地鼠疫宿主活动较为活跃，内蒙古、云南两地连续发生 4 起人间鼠疫疫情，其中内蒙古死亡 2 人。疫情发生后，当地及时发布鼠疫防控三级预警，对死者居住地实行封锁隔离，全面开展流行病学调查，强化隔离对象健康监测，对隔离圈内所有人员进行健康监测，对死者住所及其周边农户居住场所每日进行全面消杀，严防鼠疫疫情扩散蔓延。

2020 年，我们加强联防联控，开展多部门人禽流感趋势分析，提前部署冬春季防控工作，指导广东、福建、湖南、山东等地快速处置 H9N2 禽流感疫情事件 11 起，指导江苏、湖南等地处置 H5N6 禽流感疫情事件 4 起，并做好向世界卫生组织的通报工作。

（三）及时开展突发事件卫生应急处置工作

2020 年以来，我国事故灾难频发，福建泉明酒店坍塌事故、湖南永兴客运列车侧翻事故、四川凉山州森林火灾、浙江温岭油罐车爆炸事故、山西临汾酒店倒塌事故均造成重大人员伤亡。截至 2020 年 12 月 31 日，指导地方做好 130 余起突发事件紧急医学救援工作，累计派遣国家级医疗专家 77 人。在事故灾难紧急医学救援中，卫生健康部门第一时间落实伤员检伤分类、快速转运、集中救治、心理救援和公共卫生等措施，最大限度地降低伤员死亡和伤残，得到了中央领导同志、地方各级党委政府的充分肯定以及广大人民群众、社会舆论的广泛好评。

2020 年 4 月中旬，我们未雨绸缪，提前部署 2020 年防汛防涝防台风卫生应急工作。同时要求各地卫生健康部门强化责任落实，加强应急值守，做好应急准备，开展宣传教育，调度卫生应急力量和资源。6 月和 7 月，我国多地出现持续强降雨天气，南方多省份发生严重洪涝灾害，卫生健康部门迅速启动卫生应急响应，快速投入卫生救援力量，在广东、广西、贵州、湖北、湖南、四川等部分省份局部洪涝灾害中，医疗卫生救援及时有效，实现了所有伤员均得到医治和灾后无大疫的目标。

（四）着力推进卫生应急体系和能力建设

卫生应急体系和能力稳步发展，为保护人民健康、维护公共卫生安全、促进经济社会稳定发挥了重要保障作用。一是国家卫生应急队伍得到强化提升。6 支国家卫生应急队伍和 7 个国家卫生应急移动处置中心通过验收。截至 2020 年，全国布局的 4 大类 59 支国家卫生应急队伍全部建成并有效运行。二是争取到 2020 年公共卫生体系建设和重大疫情防控救治体系建设补助资金，正在更新换代 2015 年以前建成的 34 支国家卫生应急队伍装备及车辆，加强 56 支国家卫生应急队伍培训演练、运维保障，并为 23 支国家紧急医学救援队配备移动生物安全二级实验室。三是积极开展各类突发事件紧急医学救援专业培训，举办中毒、核辐射、应急心理、海（水）上救援、航空紧急医学救援等各类培训班，提升卫生应急领域专业人员的业务水平。下半年，我们会同中国海上搜救中心分别在上海和海南举行海（水）上紧急医疗救援演练。同时，国家卫生健康委还会同冬奥组委、北京、河北做好 2022 年冬奥会的医疗卫生保障工作。

回顾 2020 年，卫生应急工作者全身心投入新冠肺炎疫情防控，并统筹做好突发事件紧急医学救援，不忘初心使命，勇于担当、苦干实干、攻坚克难、艰苦奋斗，各项工作卓有成效。在此，我谨代表国家卫生健康委，向全国卫生应急工作者表示诚挚的谢意，向一直关心帮助支持卫生应急工作的各部门、各单位和新闻媒体表示衷心的感谢！

二、敢于担当，善于作为，推动卫生应急工作踏上新征程

当今世界正经历百年未有之大变局，国际环境严峻复杂，世界进入动荡变革期，2020年我国是全球唯一实现经济正增长的主要经济体，新冠肺炎疫情防控取得重大战略成果。但是，人民身体健康和生命安全依然面临比较严峻的挑战。近年来自然灾害、事故灾难频发，新冠肺炎疫情影响广泛深远，新发传染病平均每年出现1种，鼠疫等传统烈性传染病威胁仍然存在，埃博拉出血热、黄热病等境外危害严重的传染病输入风险随时存在。

在党的十九届五中全会上，党中央提出了“十四五”时期国民经济和社会发展主要目标及2035年远景目标，对卫生应急的发展提出了明确目标和任务，要求提高应对突发公共卫生事件能力，提高减灾、救灾能力。我们要深刻分析卫生应急面临的形势和变化，学习领会习近平总书记关于卫生健康工作的系列重要论述，适应性调整卫生应急发展重点，提高政治站位和政治能力，强化责任担当，提升工作本领，全力以赴做好突发公共卫生事件防控和突发事件紧急医学救援工作，为经济社会发展和人民生产生活保驾护航。

（一）提高政治站位，坚决贯彻落实习近平总书记和党中央决策部署

党中央、国务院高度重视人民群众生命安全和身体健康，卫生应急工作责任重大，担负着保护人民群众生命安全和维护社会稳定的重要使命。要旗帜鲜明讲政治，要对党绝对忠诚。习近平总书记、李克强总理、孙春兰副总理等党和国家领导同志多次就突发公共卫

生事件疫情防控和突发事件紧急医学救援作出重要批示指示。这些重要批示指示深刻反映出卫生应急工作在保障人民健康、维护社会稳定、促进经济发展、捍卫国家安全等方面的重要作用，彰显了卫生应急工作既是专业性很强的工作，也是政治性很强的工作。我们要深入学习领会，不断提升政治判断力、政治领悟力、政治执行力，进一步增强做到“两个维护”的政治自觉和行动自觉，更加主动地将卫生应急工作纳入健康中国建设，并置于改革发展稳定大局、经济社会全局、国际合作与竞争格局中，把握机遇，乘势而上，提升治理能力和水平，迈入新时代，踏上新征程，承载新任务，实现跨越式发展。

（二）坚持底线思维，慎终如始做好充足准备

各类突发事件是卫生应急必须直面的挑战，面对可能发生的各类突发事件，我们必须始终保持高度警惕，既要警惕“黑天鹅”事件，也要防范“灰犀牛”事件；既要有防范风险的先手，也要有应对和化解风险挑战的高招；既要打好防范和抵御风险的有准备之战，也要打好化险为夷、转危为机的战略主动战。新冠肺炎疫情发生的初期就暴露了一些短板和弱项，如医用物资储备严重不足，实验室检测能力滞后，隔离观察设施缺少，分级分类救治和集中救治能力不足，社区防控能力缺乏储备，应急预案实用性不高，以及“四方责任”不清晰少合力等。针对这些问题，我们及时进行了修改、完善和健全。2020 年下半年再应对一些地方的突发聚集性疫情时，已有明显进步和提升。但从能力建设和底线思维的要求来看，我们还需要继续在每一起疫情处置中找短板、查弱项、补漏洞，只有这样，应急处置工作才能上水平、提能力、护安全，不负党和人民的期望与重托。从长远来看，监测预警能力还不强，风险评估能力滞后，

医防融合还没有突破，社会防控合力还要理顺，综合救援能力还要加强，依法防控有待深化。

（三）增强机遇意识和责任意识，细致谋划好“十四五”时期卫生应急工作

2020 年 11 月底，我组织部分省份的卫生应急干部和专家学者先后召开 2 次座谈会，真切地感受到卫生应急工作者的责任心和忧患意识。习近平总书记多次指出，要加强公共卫生应急管理体系建设。目前，有关部门正在加紧研究制定疾控体系改革的文件，疾控体系长期积累的一些体制机制难题，通过这次改革有望得到有效解决，突发急性传染病防控能力将得到有效加强。

新冠肺炎疫情深刻影响卫生应急今后发展，但是卫生应急承担的责任没有改变。如何充分利用这次大考，转危为机、顺势而为，在“十四五”时期加快推进卫生应急工作高质量发展，是摆在同志们面前的一个重大课题。我们要保持战略定力，增强机遇意识和责任意识，总结并提炼疫情防控经验和教训，认识和把握卫生应急工作规律，善于在危机中育先机、于变局中开新局。“十四五”期间，我们要继续推进实施卫生应急“一体两翼”发展思路，丰富完善“一案三制”，紧紧围绕“突发公共卫生事件预防控制”和“突发事件紧急医学救援”这两个重要职责使命，更好地发挥统筹协调、决策支撑、组织动员、综合管理作用，切实提升应对各类突发公共卫生事件的能力，加快形成与新阶段新征程和健康中国建设相适应，覆盖卫生应急管理全过程、全方位的卫生应急体系。

在此，与大家交流以下重点工作方向和任务：一是如何建立多点触发的预警预报机制并突破关键技术；二是研究应对突发公共卫生事件的法律以加强卫生应急治理；三是卫生应急物资和生产能力

储备体系如何构建；四是卫生应急队伍如何发展综合与专科相互支撑的能力，如何平衡固定与机动能力，如何在全国实现科学合理布局；五是卫生应急演练如何更加接近真实世界；六是地方卫生应急能力建设如何融入全国格局，既要突出特色，又要具备常规能力，还要避免重复浪费；七是如何培养造就防治管理融合的复合型人才队伍；八是卫生应急工作如何参与国际合作，构建人类卫生健康共同体。以上这些问题希望同志们同题共答，同频共振，加强思考，形成方案，推动落实。

三、紧锣密鼓，务求实效，认真做好 2021 年卫生应急工作

2021 年是“十四五”规划开局之年，要以新冠肺炎疫情防控相关工作为重点，统筹做好卫生应急各项工作。

（一）重点做好新冠肺炎疫情防控工作

中国共产党把人民生命安全和健康放在首位，这就决定了我国不可能采取西方国家对待疫情的态度和策略。要慎终如始，坚决打好疫情防控阻击战。一是抓好疫情防控经验总结和评价。对国内已经发生的多起城市和农村聚集性疫情进行复盘和回顾，总结经验教训，尤其是农村疫情防控的不足，引导各地充实完善应急预案，并有针对性地提升能力，补齐短板、弱项和漏洞。要研究提出评价各地聚集性疫情防控效果的指标体系和方法，引导各地做好防控工作。二是组织好国家应急处置工作组队伍。遇有较大聚集性疫情或有较大传播扩散的风险，可随时派出，会同地方力量，力争在 1～2 个潜伏期内控制疫情，努力降低和减少对经济社会发展的影响。三是组织各地开展不同场景下的应急处置演练。将能力保持在经常，将问

题解决在未发，将状态保持在最佳，尽力缩短从常态到应急处置态的变轨切换时间，努力把疫情控小控快。四是动态分析全球疫情态势走势。及时掌握全球及重点国家疫情变化走向，了解其防控策略，为国家实时优化调整防控战略和策略提供参考。

要以新冠肺炎疫情防控为切入点，研究建立对省级卫生应急工作进行绩效评价的指标体系和方法，评价采用综合简约的客观量化指标，既揭示各省在全国所处的相对位置，也揭示自身进步的速度和幅度，评价结果每年向省政府提供，促进各地工作进步和改善。

（二）统筹做好鼠疫、人感染禽流感、埃博拉等突发急性传染病防控

一是严防鼠疫疫情。要始终坚持警钟长鸣，保持鼠疫防控工作劲头不松、力度不减，继续抓好内蒙古、北京及周边 9 省份、全国 19 省份鼠疫防控工作。内蒙古有关措施要进一步执行。周边 9 省份防控措施要进一步细化、深化落实。继续加强北方地区、南方地区、西北地区、东北地区的鼠疫联防联控协调机制。二是要密切关注境内外突发急性传染病疫情态势。做好人禽流感、埃博拉出血热、中东呼吸综合征、尼帕等突发急性或输入性传染病防范和应对准备工作。一旦有疫情发生，要迅速采取措施，及时有效处置，严防疫情传播。三是研究新发未知传染病的多点触发预警机制。要提早建立机关企事业单位因病缺勤缺工缺学信息报告制度，任何单位和个人均可报告可疑信息，要利用人工智能分析等技术手段对各类信息进行甄别和判断。

（三）及时有效做好突发事件紧急医学救援工作

做好突发事件紧急医学救援工作十分重要，国家卫生应急队伍和专家要随时待命并及时提供支持援助。一是进一步巩固完善与应

急管理部等部门的信息沟通和措施联动机制，迅速有效开展自然灾害、事故灾难、社会安全事件等各类突发事件紧急医学救援工作，确保伤病员得到及时有效救治。二是密切关注地震、洪涝、台风等灾害发生情况，做到早部署、早发现、早处理，指导受灾省份切实落实灾害卫生应急各项措施，确保大灾之后无大疫。三是各地要重视信息快速报告。明确突发事件紧急医学救援信息报告责任，统一报告要素，规范报告内容，严格报告时限，归口上报渠道，建立和完善与相关部门的信息相互通报机制，迅速、准确掌握辖区内突发事件紧急医学救援信息。四是确保建党 100 周年系列活动卫生应急保障万无一失。

（四）修订完善卫生应急相关法律和预案

一是完善卫生应急相关法律。经过各方努力，《中华人民共和国突发公共卫生事件应对法（征求意见稿）》已经形成，正在征求相关部门和各地意见。下一步，各地也要结合实际情况，推动本地相关条例出台，夯实卫生应急工作的法制基础。二是加强卫生应急预案管理。提升预案针对性、可操作性。按照分类管理、分级负责的原则，组织修订《国家突发公共卫生事件应急预案》和《国家突发公共事件医疗卫生救援应急预案》。总结既往紧急医学救援实践经验，依据相关法律法规，修订完善自然灾害、事故灾难和社会安全事件的卫生应急预案，构建分层、分类、高效、实用的卫生应急预案体系，增强卫生应急预案实用性、科学性、约束性，探索并推动卫生应急管理结构化、信息化和标准化。特别需要指出的是，在有关立法和预案起草修订过程中要更加注重“四方责任”的体现，更加注重社会治理的内容，不能把法律法规和预案都搞成专业技术方案。为此，起草队伍要多元化、多机构、多专业、多学科、多背景。

（五）强化突发公共卫生事件监测预警和风险评估

一是大力提升突发公共卫生事件综合监测能力，切实发挥医疗机构病例发现报告主阵地的作用，加强医疗、疾控机构疫情监测和报告管理。探索将监测防线前置到社区、企事业单位，加强社会各类单位和社区的主动监测报告，及时获取突发急性传染病和突发公共卫生事件相关线索，切实做好监测工作。二是健全突发公共卫生事件风险评估方法和制度，坚持日会商、月评估和年度汇报。各地要切实加强突发公共卫生事件监测信息的分析研判工作，确认为突发公共卫生事件的或判断为重特大事件隐患的，要及时报告、及时处置，并依法做好相关信息发布和风险沟通工作。一旦事件跨地区、跨省份时，要及时向上级卫生健康部门报告，同时必须做好区域间的信息通报和联防联控。

（六）大力推进紧急医学救援基地建设

配合发改委积极推进国家紧急医学救援基地建设项目落地，覆盖所有省（自治区、直辖市）和新疆生产建设兵团。依托国内优质医疗卫生资源，配备信息指挥系统、紧急医学救援队伍、院前及院内救治单元、灾害模拟培训场景、救援物资仓储配送等模块，完善紧急医学救援基地的基础设施建设，实现信息化应急指挥、跨区域快速反应、陆海空立体转运、大批量集中救治、医防融合协同、专业化培训教育、国际化科研交流、集成化物资储备等功能，提升重特大突发事件紧急医学救援综合能力。2021 年，力争启动几个成熟项目建设工作，项目申请必须体现医防融合的内容和路径。

（七）加强国家卫生应急队伍建设

各类卫生应急队伍是突发事件应对处置的拳头力量，加强卫生应急队伍建设是推进卫生应急工作的有力抓手。一是加强已有国家卫生应急队伍建设。2020年关于加强队伍建设相关资金已经到位，各地要以项目建设为契机，努力提升重大突发公共卫生事件应急处置和救治能力。二是继续扩大卫生应急队伍的种类和规模。要注重加强直辖市、计划单列市、省会城市以及枢纽城市的卫生应急队伍建设，切实提升大城市应对突发公共卫生事件的能力和辐射带动作用。同时以国家卫生应急队伍建设带动地方队伍建设，形成多层级、各类别卫生应急现场处置力量。三是促进卫生应急队伍功能由“单一化”向“综合性”发展。融合医疗、防控、检测、管理等多个专业，打造可以独立处置突发事件的“作战单元”，同时加大日常队伍培训演练力度，开展形式多样、注重实效的“平急结合”演练，积极投入应用和实战。

（八）做好“十四五”卫生应急规划

各地要高度重视“十四五”卫生应急体系建设规划编制工作，按照卫生健康“十四五”规划编制的部署和要求，深入调研找准需求，以解决突出问题，尤其是能力建设问题，补齐短板弱项为导向，结合当地社会经济发展情况，因地制宜谋划好“十四五”时期卫生应急工作，明确下一阶段发展目标、建设任务和重点项目，并将这些工作纳入当地“十四五”期间卫生健康发展规划、应急体系建设规划中加以统筹安排和实施，为新时代卫生应急体系建设和发展谋好篇、开好局。

（九）扎实做好2022年北京冬奥会和冬残奥会的卫生应急保障工作

2021年春节前，习近平总书记到北京、河北再次调研视察北京

2022年冬奥会和冬残奥会的筹办工作，并主持召开汇报会，体现了习近平总书记和党中央对举办冬奥会和冬残奥会的高度重视以及如期举办的必胜决心。国家卫生健康委牵头医疗卫生协调小组的有关工作，使命光荣、责任重大、任务艰巨。现在距离北京冬奥会举办时间越来越近，各项筹办工作必须加快推进，早日到位。一是要完善北京冬奥会和冬残奥会新冠肺炎疫情防控总体方案，并提出赛时防疫防控工作方案和建议。二是要加强北京、河北及周边省市的联防联控，确保赛前及赛时不发生输入性疫情。为此，环京周边省市要坚决落实不明原因发热、呼吸道症状患者的首诊负责制，可采取“患者不动、专家动”的方式，将诊疗问题解决在当地。三是要组织应急演练，适应赛时要求。冬奥会伤情较多，且救护难度较大，在加强演练提高能力的同时，国家卫生健康委将根据冬奥组委的需求和请求，从全国统筹应急救护力量，给予保障和支持。

（十）深入开展党史学习教育和巡视整改，将全面从严治党引向深入

党中央决定在全党开展党史学习教育，国家卫生健康委日前已作了具体部署。前不久，中央第十四巡视组向国家卫生健康委员会党组反馈了巡视情况，目前，正在推进具体整改任务落实。要按照中央要求，在卫生应急工作中深入开展党史学习教育，切实抓好巡视整改，落实“一岗双责”要求，将全面从严治党向基层延伸，促进卫生应急工作更好地服从和服务于国家发展大局需要。卫生应急干部要按照习近平总书记的要求，立志做党的光荣传统和优良作风的忠实传人，不断增强意志力、坚忍力、自制力；要把自己当成老百姓，不要做官当老爷；要自觉加强斗争历练，在斗争中学会斗争，在斗争中成长提高，努力成为敢于斗争、善于斗争的勇士；要增强

底线思维，定期对风险因素进行全面排查；要善于经一事长一智，由此及彼、举一反三，练就斗争的真本领、真功夫；要严格执行中央八项规定和实施细则精神，力戒形式主义和官僚主义，保持清正廉洁，努力为党和人民工作，为卫生应急发展挥洒热情和能量，贡献才能和智慧。

同志们，疫情尚未完结，大考还在继续。让我们紧密团结在以习近平同志为核心的党中央周围，深入学习贯彻习近平新时代中国特色社会主义思想，昂扬斗志，振奋精神，勇于担当，善于作为，切实做好卫生应急各项工作，以保安全、护健康、促稳定的优异成绩迎接中国共产党建党 100 周年。

（中华人民共和国国家卫生健康委员会卫生应急办公室供稿）

第二部分 >>>

分类应急管理工作总结评估报告

2020 年领事保护与协助工作总结评估报告

2020 年，国际形势持续动荡变革，世纪疫情与百年变局交织，逆全球化和单边主义盛行，世界经济严重受挫，对海外中国公民和机构日常安全与生存发展带来前所未有的挑战。

一、领事保护与协助工作主要形势

（一）新冠肺炎疫情持续威胁海外中国公民身体健康

新冠肺炎疫情突如其来，席卷全球，且复杂多变，不断蔓延加剧。我国海外侨胞、留学生、中资企业员工和务工人员人数近千万，遍布全球，生命安全和身体健康持续面临较大威胁，一些国家相继发生中资企业员工聚集性感染疫情。随着各国陆续“带疫解封”，中外人员交往逐步恢复，海外中国公民涉疫风险居高不下，国内防范境外疫情输入压力也进一步加大。

（二）日常海外安全风险升级发酵

长期以来，部分国家政局动荡、民生凋敝、犯罪猖獗，恐怖袭击时有发生，各类自然灾害及意外事故等此起彼伏，严重威胁海外中国公民和机构安全。在疫情全球蔓延背景下，相关安全风险不仅未见消弭，反而有所激化。一些国家经济因疫走衰，社会矛盾日益尖锐，民生问题更加突出，治安环境持续恶化，涉及我国的安全风险也加剧催化。

（三）海外中国公民因疫情面临各方面困难

受海外疫情蔓延的叠加影响，海外中国公民在入出境、居留、学习、生活等方面遇到一系列困难，处境维艰。一些侨胞华商经营惨淡，留学生们难以继续留校上学，中资企业员工轮换中断，短期出国人员不得不长期滞留等。与此同时，为防范疫情，各国纷纷出台断航、“封国”等举措，国际航线支离破碎，回国航班一票难求，海外人员“回国难”问题一度成为焦点。

二、领事保护与协助的主要工作

面对复杂严峻形势，我们认真贯彻落实习近平总书记重要指示批示精神和党中央、国务院决策部署，按照国务委员王毅和外交部党委要求，践行“生命至上、人民至上”和“外交为民”理念，协调各有关部门、地方政府并指导中国驻外使领馆，全力维护海外中国公民的安全与正当权益。

（一）加大外交交涉力度

从外交层面全面加强和各国政府沟通，敦促各国采取切实有效的措施保障中国留学生、中资企业人员和侨胞等健康安全和正当权益。指导驻外使领馆和驻在国政府外交、卫生、教育、海关、警务、移民等部门加强联系协调，要求外方重视中国公民在签证和居留延期、诊断救治和安全保障等方面的重要关切，为中国公民入出境、停留提供协助和便利；帮助解决留学生等在签证、住宿等方面遇到的特殊困难，妥善做好后续学业安排；敦促外方采取坚决措施，防止针对中方人员任何形式的歧视言行，妥善处理有关涉中国公民领事保护案件，保障中国留学生、中资企业人员和侨胞等的安全及权益。

（二）加大对海外中国公民的帮扶支持

协调国内有关部门和地方政府以及各驻外使领馆立即行动起来，充分调动一切可用资源，切实加大对海外中国公民的帮扶力度，协助广大海外中国公民解决实际困难，全面展现党和政府的关心关爱，安抚、稳住人心。

一是密切跟踪各国疫情发展及防控举措，及时发布涉疫信息。指导各驻外使领馆通过官网、微信、推特和华文媒体等各种渠道，及时发布驻在国疫情防控情况，介绍当地具有资质的医疗机构、个人防护措施等实用信息。各馆通过视频连线等方式，与海外中国留学生、侨胞和中资企业人员等保持密切联系，就大家关心的问题作出解答，全覆盖、精细化、网格化做好防疫指导工作。各馆深入开展企业安全巡查，组织防疫知识讲座，编制防疫提醒手册，分发防疫宣传资料。指导华侨社团组织风险排查，加强科学防控。

二是积极向留学生、侨胞等提供健康包等防疫物资。向海外留学生发放 120 多万个健康包，向 100 多个国家的 500 多万名海外同胞发送近 5 000 万只口罩、600 万副手套、70 万盒连花清瘟胶囊等，基本实现了对华侨主要居住国全覆盖。各驻外使领馆纷纷采取行动，充分调动资源，发动各方力量，着力帮助留学生等解决遇到的实际困难，陆续为他们发放装有防疫物品和防疫指南的健康包。留学生收到后，纷纷通过朋友圈或在互联网上晒图、发视频等方式表达激动和感恩之情，祖国的礼物温暖着每一位学子。

三是积极搭建中国公民互帮互助平台，建立结对帮扶。驻纽约总领馆在学联和侨团、中资企业之间建立起“老乡喊你了!”的结对帮扶平台，发动侨团、中资企业为领区内的留学生在生活照顾、防疫物资采购和医疗救治等方面提供力所能及的帮助。驻波兰使馆协调中资公司为 600 名留学生每人捐赠 10 只口罩。驻杜塞尔多夫总领馆针对留学生合租无法隔离的问题，协调华人饭店、志愿者群体，安排“隔离备用点”，并专门设定一部手机作为“留学生国内家长咨询热线”，为家长答疑解惑，留学生们对此纷纷点赞，称总领馆为“第二家长”。

四是向海外中国公民推介国内远程在线医疗平台，提供免费在线问诊和心理疏导服务，同时协调组织国内权威医疗专家、中国援外医疗队等，面向海外中国公民开展专题视频直播和“云辅导”，普及防疫知识，提供专业咨询，帮助大家提高疫情防范能力。钟南山、张伯礼、李兰娟、张文宏等抗疫英雄和知名专家都成为座上宾，为海外中国公民送去温暖和关怀。

五是搭建中国公民求助绿色通道。外交部和驻外使领馆通过增设领保咨询电话、开通微信群组等方式，深入海外中国公民群体，及时了解各类诉求。外交部 12308 热线 24 小时运转，及时为中国公民提供咨询服务，高峰时日均处理同胞求助约 3 000 起，比往年增加了近 3 倍。驻外使领馆纷纷增开多条热线电话，接受中国公民咨询求助。中国驻美国使领馆自 2020 年 3 月起先后增设 19 条疫情协助热线，连同之前的 6 条热线，共开设有 25 条热线电话，协助有需要的同胞处理相关事宜。

（三）全力救助海外中国公民，妥善处置领保案件

指导驻外使领馆全力以赴做好当地卫生主管部门、医疗机构的工作，并与驻在国的定点医院建立密切联系，及时为有需要的中国公民提供协助。对确诊或疑似感染的中国公民，驻外使领馆协助其

及时就医，持续跟踪治疗情况，并敦促外方全力救治确诊中国公民，及时向中方通报病情及治疗情况。要求外方对疑似感染人员进行科学诊断、妥善安排，提供必要的生活保障和就医便利。同时，我方驻外使领馆充分调动各方资源和力量，支持配合外方救治工作。发挥援外专家组、医疗队作用，协调联系国内医疗专家，通过与外方就地、远程会诊等方式，为救治中国公民提供专业意见和支持，并在紧急情况下，通过国内外通力合作，及时将一些重症患者转运回国抢救。在西班牙有数名中国留学生确诊感染后，驻西使领馆敦促当地医院及时大力救治，安排我国医疗专家组及国内医生通过网络提供专业咨询。有留学生家长委托外交部领事司向中国驻巴塞罗那总领事馆送去锦旗，称赞总领事馆是“留学生的坚强后盾”。

同时，指导驻外使领馆紧盯地区安全局势新发展，妥善处置中方人员在埃及、美国、缅甸、阿尔及利亚等国涉及的重大交通事故，在老挝中资企业爆炸事故致中方人员伤亡，从埃塞俄比亚军事冲突地区紧急撤离中方人员，应对吉尔吉斯斯坦局势突变等重大突发领保案件，坚决维护海外中国公民安全及其正当合法权益。

（四）稳妥协助疫情严重国家的中国公民安全有序回国

面对一些海外中国公民的回国需求，领保工作要把握好安全、平稳、有序原则，既要考虑到海外同胞切实需求和正当权益，也要着眼于维护国内防控大局，既不能“关门大吉”也不能“一接了之”。疫情发生以来，外交部领事保护中心积极协调国内有关部门，开展“湖北伢，祖国接你回家”行动。其间，先后派出 14 架次包机和临时航班，从泰国、马来西亚、日本等国接回滞留海外的湖北籍居民 1 887 人，协助香港特区政府派出 3 架包机从日本接回 195 名“钻石公主”号邮轮上的港澳居民。

3月海外疫情加速蔓延后，外交部领事保护中心会同国内有关部门，针对不同国家情况、不同群体需求，根据轻重缓急，逐案细致研究，相继通过派出临时航班和包机、利用外方包机等各种办法，分期、分批从世界各地接回确有困难、急需回国的海外同胞，包括从英国、美国、西班牙、加拿大等国陆续接回大量海外留学人员。一年来，外交部领事保护中心总共牵头协调安排350余架次临时航班，从90多个国家接回约7.3万名海外同胞，此外还协助200多名同胞从陆路口岸回国。此次接回海外中国公民持续时间最长、涉及范围最广、人员数量最多、组织难度最大，创造了新中国历史上新的纪录。

（五）做好预防性领事保护工作

一方面，精准施策，集中力量投入线上宣传主战场，打好预防外宣“主动战”。邀请钟南山院士在五四青年节与海外留学人员进行网络视频连线活动，讲授防疫抗疫知识，进行现场心理辅导。结合海外安全形势和疫情防控要求，及时将宣传重点从出境游注意事项调整为“非必要，不旅行”和防疫知识，强化民众海外安全防范意识。

另一方面，不断创新方式方法，开展领事保护公益宣传。2020年11月12日，在相关单位大力支持下，外交部领事保护中心成功发行新中国历史上首套以领事保护为题材的“海外民生工程特种邮票”，首次以邮票为载体开展预防性领事保护宣传工作，充分展现在以习近平同志为核心的党中央坚强领导下，中国外交践行“以人民为中心”理念、持续打造“海外民生工程”的积极形象。目前，此套邮票已销售760万套，受到社会各界广泛好评。此外，领保中心会同有关单位积极开展“领保进社区”“领保进校园”活动和“平安留学”宣讲，推动海外安全常识和领保知识更加深入人心。

三、下阶段领事保护与协助工作设想

2021年是“十四五”规划开局之年，也是中国共产党成立100周年，我国将开启全面建设社会主义现代化国家新征程。下阶段，外交部领事保护中心将继续认真学习习近平总书记有关重要指示批示精神，贯彻落实党的十九届五中全会提出的“构建海外利益保护和风险预警防范体系”要求，按照国务委员王毅和外交部党委统一部署，从服务党和国家发展全局，维护国家主权、安全及发展利益的高度出发，转变观念，创新作为，积极构建海外中国平安体系，切实保障海外同胞安全和正当权益。

一是要坚持党的全面领导，筑牢领保工作战斗堡垒。紧跟形势发展和民众需求，加强领保理论建设，把党的政治优势、组织优势转化为做好新形势下领保工作的强大动力。

二是坚持以人民为中心，全力打好领保战“疫”。抓实疫情防控常态化工作，动态跟踪有关国家疫情和安全形势、防控及入出境政策调整，对我国海外人员加强防疫和安全指导，规划好、实施好为海外中国公民接种疫苗的“春苗行动”。推动外方重视我人员安全及健康，妥善处理涉我案件。分类施策，有针对性地加强对我海外人员安抚引导和疫情帮扶。

三是坚持系统观念，做好顶层建设蓝图设计。积极推进“中华人民共和国领事保护与协助工作条例”尽快出台，做好有关宣传、培训及配套建设。不断完善境外中国公民和机构安全保护工作部际联席会议制度，强化海外安全保护能力建设。

四是坚持新发展理念，打造领保服务快车道。以信息化手段开展涉外突发事件预警、信息抓取、汇总分析、研判归纳等工作。继续加强 12308 热线建设和领事政务新媒体平台的运营维护与宣传投入，以推出“中国领事”App 为契机，推动领事保护与服务工作提质增效。

（中华人民共和国外交部领事保护中心供稿）

2020 年地质灾害防治工作情况总结报告

2020 年，在党中央、国务院的坚强领导下，自然资源部认真贯彻落实党的十九届四中、五中全会精神和习近平总书记关于防灾减灾救灾重要指示批示精神，以对人民极端负责的精神全力抓好地质灾害防治工作，各级地方党委、政府及自然资源主管部门履职尽责，相关部门密切合作，在做好常态化疫情防控的同时，切实做到守土有责、守土尽责，千方百计保障人民群众生命财产安全，地质灾害防治工作取得了显著成效。

一、地质灾害基本情况

（一）地质灾害灾情

2020 年，全国共发生地质灾害 7 840 起，其中滑坡 4 810 起、崩塌 1 797 起、泥石流 899 起、地面塌陷 183 起、地裂缝 143 起、地面沉降 8 起，造成 139 人死亡（失踪）、58 人受伤，直接经济损失 50.2 亿元。其中，特大型地质灾害有 57 起，造成 7 人死亡、12 人失踪、2 人受伤，直接经济损失 20.8 亿元；大型地质灾害有 109 起，造成 8 人死亡、1 人受伤，直接经济损失 6.8 亿元；中型地质灾害有 682 起，造成 47 人死亡（失踪）、18 人受伤，直接经济损失 14.3 亿元；小型地质灾害有 6 992 起，造成 65 人死亡（失踪）、37 人受伤，直接经济损失 8.3 亿元。

2020 年，发生造成人员死亡（失踪）的地质灾害 74 起，未发生造成 10 人以上死亡（失踪）的地质灾害，造成人员死亡（失踪）的地质灾害占地质灾害总数的0.94%。全年地质灾害发生数和造成的死亡（失踪）人数，与2019年相比分别增加26.8%、减少37.9%；与“十三五”前4年平均值相比分别增加18.9%、减少49.3%；与“十二五”时期年平均值相比分别减少39.2%和65.4%。近十年来（2011—2020年），2020年地质灾害发生数排倒数第四位，造成的死亡（失踪）人数排倒数第二位（见表1、表2、表3）。

表1　2020年与2019年同期地质灾害基本情况对比

类型	发生数量（起）	死亡（失踪）人数（人）	直接经济损失（亿元）
2020年	7 840	139	50.2
2019年	6 181	224	27.7
增减数量	1 659	−85	22.5
增减比例（%）	26.8	−37.9	81.2

表2　2020年与“十三五”前4年地质灾害基本情况对比

类型	发生数量（起）	死亡（失踪）人数（人）	直接经济损失（亿元）
2020年	7 840	139	50.2
“十三五”前4年均值	6 595	274	27.5
增减数量	1 245	−135	22.7
增减比例（%）	18.9	−49.3	82.5

表3　2020年与“十二五”时期地质灾害基本情况对比

类型	发生数量（起）	死亡（失踪）人数（人）	直接经济损失（亿元）
2020年	7 840	139	50.2
“十二五”时期年均值	12 904	402	54.7
增减数量	−5 064	−263	−4.5
增减比例（%）	−39.2	−65.4	−8.2

（二）地质灾害灾情特点

第一，灾害类型以滑坡和崩塌为主，灾害级别以小型为主。2020年发生滑坡4 810起，占地质灾害总数的61.4%。发生崩塌1 797起，占地质灾害总数的22.9%。两类地质灾害共占地质灾害总数的84.3%。发生小型地质灾害6 992起，占地质灾害总数的89.2%。

第二，灾害发生时间年内呈正态分布。汛期的6—8月发生地质灾害6 730起，造成111人死亡（失踪），分别占地质灾害总数的85.8%和79.9%。其余月份共发生地质灾害1 110起，造成28人死亡（失踪），分别占地质灾害总数的14.2%、20.1%。

第三，西南和中南地区为地质灾害发生和人员死亡失踪的集中区域。地质灾害发生在高、中易发区的有7 009起，占地质灾害总数的89.4%。从行政区划来看，发生的地质灾害主要分布在四川、甘肃、湖南、广西、云南、安徽、江西、重庆、湖北这几个省（区）。造成人员死亡（失踪）的地质灾害主要分布在云南、贵州、湖北、广西、四川、甘肃、重庆、湖南这几个省（区），共计113人，占地质灾害死亡（失踪）总人数的81.3%。与2019年相比，地质灾害在空间区域上向西偏移。

第四，灾害以自然因素引发为主，但人为因素不可忽视。自然因素引发的地质灾害有7 228起，占地质灾害总数的92.2%。人为因素引发的地质灾害有612起，占地质灾害总数的7.8%。自然诱发因素中，降雨对地质灾害的影响最为明显。人为诱发因素中，人工切坡建房对地质灾害的影响最为明显，广西、湖南、湖北、四川、甘肃等地切坡建房引发的地质灾害数量较多。

二、地质灾害防治工作措施

（一）加强统筹部署

2020年2月，面对严峻的疫情防控和地质灾害防范形势，印发《自然资源部办公厅关于做好疫情防控期间地质灾害防范工作的通知》。3月，会同有关方面专家研究会商全年地质灾害趋势。在入汛初期的4月至5月，组织召开全国汛期地质灾害防治工作视频会议，自然资源部印发《关于做好2020年地质灾害防治工作的通知》和《自然资源部办公厅关于开展2020年汛期地质灾害防治指导调研工作的通知》，对年度地质灾害防治工作作出全面部署，提出明确要求，加强现场一线技术指导。在汛期最为紧张关键的6月至7月，为深入贯彻落实习近平总书记关于防灾减灾救灾方面的重要指示精神，下发《关于贯彻落实习近平总书记重要指示精神加强汛期地质灾害防治工作的通知》《关于进一步加强主汛期地质灾害防治工作的函》，督促各地努力将防范措施落到实处。同时，自然资源部党组始终高度重视地质灾害防治工作，每月召开专题会议，研究地质灾害防治措施的落实工作和项目推进情况，并在多次调研活动中详细了解当地地质灾害防治情况。自然资源部党组成员多次带队赴湖北、湖南、重庆、陕西等防灾形势严峻或力量薄弱地区进行专题调研指导。汛期期间根据雨情和灾情变化情况，自然资源部先后7次召开视频调度会，对相关地区强降雨期间地质灾害防范工作作出针对性部署安排。

（二）强化制度建设

一是加强顶层设计。依托中国地质调查局及自然资源部直属单位专业技术力量，组建专班，制定时间表，抓紧研究修订《地质灾害防治条例》，编制《全国地质灾害防治“十四五”规划》。二是完善内部机制。编制《应对突发地质灾害遥感应急保障内部工作机制》《自然资源部地质灾害防御响应工作方案》，整合部内各方力量。根据国务院最新要求，修订《地质灾害应急值守工作手册》，对值班值守和信息报送工作提出更新要求和更高标准。三是细化资金项目管理。与财政部门反复研究，印发了《中央特大型地质灾害防治资金项目储备库入库指南（2020年）》和《自然灾害防治体系建设补助资金管理暂行办法》。四是推进线上管理。不断完善地质灾害信息化平台，构建地质灾害防御在线指挥调度系统、地质灾害防治项目管理系统和地质灾害预警系统。五是注重外部合作。联合中国气象局印发《关于进一步加强汛期地质灾害气象风险预警工作的通知》，不断巩固合作成果。主动对接应急管理部，依据职责分工，配合修订《国家突发地质灾害应急预案》，已形成初稿。配合发改委、住房和城乡建设部分别做好川藏铁路沿线地质灾害风险评估和农村房屋安全隐患排查工作。

（三）推进体系建设

为深入贯彻落实中央财经委员会第三次会议精神，组织专家认真研究、深入调研，反复征求各地自然资源主管部门意见，编制印发《地质灾害防治三年行动实施纲要》。商财政部安排50亿元中央补助资金开展新一轮1∶50 000详细地质灾害风险调查评价和重点集镇1∶10 000精细化调查，推动普适型监测预警设备研发和实验，建立“技防+人防”的地质灾害监测预警体系，有序推进地质灾害隐患实施综合治理和避险移民搬迁，不断提升地质灾害防治能力，力争三年时间明显见效。为切实做好2020年汛期灾后恢复重建工作，又会同财政部门安排灾后恢复重建资金40亿元用于地质灾害防治相关工作，并提前下拨2021年中央补助资金46亿元。通过中央资金引导，各级地方财政累计投入93亿元，吸引各类社会投资2.9亿元，用于地质灾害防治相关工作。此外，在自然资源部本级财政预算中安排5 000万元，通过政府购买服务方式，组织有相关工作基础且有相当高技术水平的高校科研院所以及企事业单位，开展高易发区地质灾害隐患综合遥感识别和普适型监测预警设备研发与实验，识别出8 450处疑似隐患，有效预警灾情险情15起，避免366人伤亡。

（四）做好技术支撑

在国家层面和省级层面，建立了96人的国家级专家库，3 862人的省级专家库，为地质灾害防治工作提供技术支撑，时刻准备参与重大地质灾害调查处置。为进一步加强对各地技术指导，自然资源部依托中国地质调查局及自然资源部直属单位专业技术力量，组织66名专家对30个省份（除上海外）开展汛期驻守，帮助指导地方做好趋势预测、巡查排查、监测预警、险情会商、抢险救援等工作。同时，为解决基层防灾技术力量薄弱问题，全国有19个省份建立了专业技术队伍包县、包乡防灾减灾机制，共有920支专业队伍、6 713名专业人员提供技术服务。2020年，自然资源部共派出国家级专家组72支，累计196人次，在云南贡山、四川冕宁、湖北黄梅等地，有效有力地指导当地开展地质灾害现场调查处置和隐患排查工作，为应急救援和极端气象条件下地质灾害防范工作提供技术支持。地方各级自然主管部门共派出专家及技术人员147万余人次，排查巡查隐患点235万余处（次）（重复计数），紧急处置各类地质灾害险情或隐患2.3万余处。

三、地质灾害防治工作进展

（一）调查评价方面

2020年，在原有工作基础上，部署1∶50 000风险调查543个县，1∶10 000风险调查267个县，调查面积达19.6万平方千米，以及重要集镇风险调查330个，调查面积达13万平方千米。各地共开展774轮次的地质灾害排查，2 235个县（市、区）组织落实地质灾害汛前排查、汛中巡查和汛后核查。通过各类调查确认，全国新增地质灾害隐患点14 012处，四川、甘肃、湖北、湖南、云南、广西6个省份新增隐患点10 410处，占全国新增隐患点总数的74.3%。同时，对2 040处地质灾害隐患点完成了勘查。

（二）监测预警方面

目前，全国29万余名群测群防员，对全国已查明隐患全覆盖，定期、不定期开展巡逻。2020年，部分地区对群测群防员进行了更换，一些年富力强、具备一定防灾知识的人员加入。23个省份对地质灾害群测群防员给予适当的经济补贴，补贴标准为每年400～7 200元/人，共计发放补贴经费3.74亿元。2020年，国家级层面发布地质灾害气象预警信息182条，各省（区、市）自然资源主管部门共发布地质灾害气象预警信息6 020条，其中红色预警77条、橙色预警673条。各地新建专业监测点8 195处，其中滑坡5 093处，崩塌1 225处，泥石流1 120处，其他灾害757处。在自然资源部组织下，建立2 512处普适型监测预警实验点，有效提升了监测预警能力。

（三）综合治理方面

2020年，对3 901处地质灾害隐患实施工程治理，完成4 527处地质灾害隐患的排危除险，对受6 045处地质灾害隐患威胁的14.6万人实施了避险移民搬迁。通过上述措施以及其他方式，全国共核销地质灾害隐患点15 657处，其中，核销特大型地质灾害隐患点205处，大型地质灾害隐患点458处。四川、湖南、云南、山西、陕西、重庆、福建7省份共核销地质灾害隐患点12 810处，占年度核销总数的81.8%。贵州、广西、内蒙古、四川4个省份核销特大型隐患点181处，占年度核销特大型隐患点总数的88.3%。

（四）能力建设方面

地方各级自然资源主管部门组织开展地质灾害演练及培训分别为9.4万场和7.8万场，参与人数分别为303万余人次和417万余人次，并发放宣传资料632万份，进一步提升了社会公众主动防范地质灾害的意识和抵御地质灾害的能力。

四、2021年主要工作计划

（一）推进风险调查评价

按照《地质灾害防治三年行动实施纲要》，部署开展528个县的1∶50 000调查工作和195个人口聚集或风险较大的重点区域1∶10 000调查工作。与省级隐患识别中心建立联动机制，指导做好疑似隐患野外验证核查工作，推广综合遥感识别试点经验，提高调查、排查和勘查效率。

（二）提升监测预警能力

进一步加大普适型监测预警设备研发推广应用，在2.2万处地质灾害隐患点开展实验，按统一标准建设运行预警信息平台和发布系统，确保设备在2021年汛期之前安装调试到位，发挥作用。始终保持和强化群测群防这一有力武器，进一步落实群测群防责任，优选群测群防员，加强对群测群防员培训，进一步增强群测群防员的责任心和积极性。

（三）探索转变防控方式

利用现有调查成果，在新一轮 1：50 000 风险调查评价工作中加快推进风险评价和区划，借鉴部分省份地质灾害风险管控经验，探索由“隐患点防控”向“隐患点+风险区双控”转变。在重庆、四川、云南、贵州、甘肃等地选择有条件、有意愿区域开展试点，进一步探索总结“隐患点+风险区双控”管理技术方法、责任体系和管理制度。

（四）完善体制机制

加快推进《地质灾害防治条例》《国家突发地质灾害应急预案》修订工作，编制发布《全国地质灾害防治“十四五”规划》。进一步完善调查评价编图和成果汇交，以及普适型监测预警设备安装布设、数据传输、监测平台等方面标准和技术要求，持续推进地质灾害防治组织管理体系、人才队伍体系、技术装备体系、群测群防体系建设。

（中华人民共和国自然资源部供稿）

2019—2020 年环境应急管理整体情况总结评估报告

2019—2020 年，生态环境部门在党中央、国务院的坚强领导下，以习近平总书记关于生态环境保护和应急管理重要指示批示精神为指引，以及时、科学、妥善处置突发环境事件为目标，以管理制度体系建设为主线，持续加强环境应急体系和能力建设，努力防范化解重大环境风险，有效遏制事件影响，统筹疫情防控与环境应急管理工作，突发环境事件数量显著下降，事件影响得到有效控制，为打赢打好污染防治攻坚战、严守生态环境安全底线作出了积极贡献。

一、全国突发环境事件基本情况及主要特点

（一）基本情况

2019—2020 年，全国共发生突发环境事件 469 起，其中，2019 年发生 261 起，2020 年发生 208 起。重大突发环境事件 2 起，均发生在 2020 年，分别为黑龙江伊春鹿鸣矿业有限公司“3·28”尾矿库泄漏次生重大突发环境事件、贵州遵义桐梓中石化西南成品油管道柴油泄漏次生重大突发环境事件（见专栏），未发生特别重大突发环境事件。2019—2020 年，发生较大突发环境事件 11 起，其中，2019 年发生 3 起，2020 年发生 8 起；发生一般突发环境事件 456 起，其中，2019 年发生 258 起，2020 年发生 198 起。

专 栏

黑龙江伊春鹿鸣矿业有限公司“3·28”尾矿库泄漏次生重大突发环境事件

2020年3月28日13时30分左右，黑龙江伊春鹿鸣矿业有限公司尾矿库发生泄漏，232万～245万立方米尾矿（砂水混合物）进入环境，事件造成依吉密河至呼兰河约340公里河道钼浓度超标，铁力市第一水厂停止取水，伊春市、绥化市境内部分河段、农田及林地污染。事件发生的直接原因是黑龙江伊春鹿鸣矿业有限公司尾矿库4#排水井拱板和井架工程质量达不到设计与施工规范要求，拱板发生结构破坏导致尾矿泄漏。事件发生后，习近平总书记作出重要指示，李克强总理等国务院领导同志提出明确要求。生态环境部迅速行动，由部领导带队赶赴现场，联合地方人民政府充分发挥“专家团队技术支持、国家工作组业务指导、应急指挥部判断决策”作用，突出科学处置、精准处置、安全处置，克服疫情和低温影响，反复评估论证，制定环境应急处置方案和保障松花江水质安全预案，采取封堵泄漏点、筑坝拦截、絮凝沉降等措施，全力实施污染控制、削峰清洁两大工程，实现了不让超标污水进入松花江的应急目标，事件得到了妥善处置。

贵州遵义桐梓中石化西南成品油管道柴油泄漏次生重大突发环境事件

2020年7月14日6时6分许，贵州省遵义市桐梓县境内中石化西南成品油管道约290吨柴油发生泄漏，部分泄漏柴油进入捷阵溪，汇入松坎河后进入重庆市境内，造成跨省级行政区域影响的重大突发环境事件。事件对贵州省遵义市桐梓县、重庆市綦江区和江津区的地表水、土壤、饮用水造成一定影响。事件发生的直接原因是山体滑坡导致输油管道受到挤压，发生位移变形和局部损伤，致使柴油泄漏，进而造成跨省界污染。事件发生后，贵州省、重庆市和生态环境部派出工作组现场指导地方做好源头阻断、拦截吸附、沿程稀释等工作，经过共同努力，保障了饮用水安全，事件没有对长江干流产生影响。

（二）主要特点

1. 突发环境事件总数持续降低

2019—2020年，全国突发环境事件总数持续保持“十三五”以来的下降趋势，从2019年的261起下降到2020年的208起，下降了20%（见表1）。

表1 “十三五”期间全国突发环境事件数量

单位：起

年份	特大	重大	较大	一般	总计
2016	0	3	5	296	304
2017	0	1	6	295	302
2018	0	2	6	278	286
2019	0	0	3	258	261
2020	0	2	8	198	208

2. 事件空间分布区域聚集特征显著

2019—2020年，突发环境事件主要集中在广东、江苏、浙江等东部沿海地区，以及陕西、山西、湖南、湖北、四川、贵州等中西部地区，事件数量占全国突发环境事件总数的65%。空间分布特征与“十三五”以来主要分布在珠江流域、长江流域等地区基本一致。

3. 生产安全和交通运输事故为主要诱因

生产安全和交通运输事故次生的突发环境事件比重较大，2019年和2020年，两类事故次生突发环境事件占比均为85%左右。

2019—2020 年，违法排污事件占比为 5%，其中，2019 年为 6.5%，2020 年为 3.8%。

4. 油类、烃类及苯系物为主要污染物

重大及敏感突发环境事件涉及的主要污染物为油类、烃类及苯系物，酸碱、无机盐（含重金属）等。在 2019 年的重大及敏感突发环境事件中，涉油类、烃类及苯系物的事件数量占比为 69%，2020 年占比增加到 72%，两年平均占比为 70%。

5. 饮用水水源地受突发环境事件影响突出

2019—2020 年，造成饮用水水源地污染的事件，重特大事件占比为 100%，较大事件占比为 67%。“十三五”期间，较大及以上事件中，造成饮用水水源地污染的事件占比达到 57%，其中，重大事件占比为 75%，较大事件占比为 50%。

二、环境应急管理工作情况

（一）环境风险防控方面

一是加快推动环境风险评估。截至 2020 年，全国约一半的省份组织开展行政区域突发环境事件风险评估，其中，江苏、甘肃等地实现了地市级行政区域突发环境事件风险评估全覆盖，环渤海“1+12”沿海城市完成区域突发环境事件风险评估；甘肃省完成黄河干流、嘉陵江水系、泾河水系、内陆河流域、渭河水系五大重点流域突发环境事件风险评估，重庆启动长江三峡库区干流流域（重庆段）突发环境事件风险评估。生态环境部积极推进长江经济带环境风险评估工作，绘制长江经济带环境风险地图；推进全国重点区域交通运输突发环境事件高发路段风险评估试点工作。

二是强化生态环境风险联防联控。2020 年，经国务院同意，生态环境部联合水利部印发《生态环境部水利部关于建立跨省流域上下游突发水污染事件联防联控机制的指导意见》，各地区积极建立上下游联防联控机制，签订联防联控协议。京津冀地区不断深化联防联控，联合开展京津冀环境安全隐患互查工作，编制并发布跨区域突发环境事件应急预案。福建、浙江、江西共同签订《闽浙赣三省跨省流域突发水污染事件联防联控合作协议》，泛珠三角 9 省（区）签署了《泛珠三角 9 省（区）污染联防联治合作框架协议》，助力区域环境风险联防联控工作。甘肃与长江、黄河流域上下游相邻省（区）（宁夏、陕西、内蒙古、四川）建立了应急联动合作机制。江苏推进省内沿江 8 市建立跨界突发环境事件应急联动机制。广东的湛江、肇庆、云浮、梅州等地与广西梧州、江西赣州、福建龙岩和漳州等地签署了跨界河流联防联控合作框架协议。湖北潜江、仙桃、武汉三地建立通顺河跨行政区域水环境污染事故处置和纠纷协调机制。贵州 9 市（州）生态环境部门签订省内跨市（州）乌江赤水河流域、清水江都柳江流域、南北盘江红水河流域上下游突发水污染事件联防联控协议。

三是突出水污染风险应急管控。生态环境部召开 2020 年全国环境应急管理工作视频会，总结推进以空间换时间的“南阳实践”工作，编制《重特大及敏感突发环境事件应急响应工作手册（试行）》《突发水污染事件以空间换时间的应急处置技术方法指导手册》《丹江口库区重点河流环境应急“一河一策一图”汇编》，完成 34 条河流“一河一策一图”处置方案，全面提升突发水环境事件应急处置技术水平。河北省组织在潮河（承德段），山东省组织在泗河流域，广东省组织在北江流域滃江、珠海高栏港化工园区，四川省组织在东风渠（成都段），新疆维吾尔自治区组织在巩乃斯河流域开展流域风险防控试点工作。福建省督促重点石化化工企业、园区构建企业应急池和园区公共应急池联合防控体系，37 家在产重点石化化工企业（含油库）均已完成应急池建设或改造。

四是加强突发环境事件预警。生态环境部印发《关于加强新冠肺炎疫情防控期间环境安全防范工作的通知》《关于进一步做好环境安全保障工作的通知》《关于做好岁末年初生态环境安全保障工作的通知》《关于进一步加强汛期环境安全保障工作的通知》等文件，加强汛期、疫情防控期间、岁末年初的环境安全防范，遏制重特大突发环境事件。广东省建立了环境风险分析和提示性预警机制，常态化多渠道开展提示性预警工作。新疆、上海、江苏等地推动建立了交通运输突发环境事件预警机制。

五是持续推进国际合作。召开中俄环保合作分委会污染防治和环境灾害应急联络工作组第十三次会议与环境应急专家组第十二次会议，中哈环保合作委员会跨界河流突发事件应急与污染防治工作组第八次会议，中荷突发环境事件环境风险和环境影响评估专题研讨会等。

（二）应急预案管理方面

一是完善应急预案顶层设计。生态环境部成立生态环境应急指挥领导小组，编制《生态环境部突发生态环境事件应急响应方案》，印发《环境应急资源调查指南（试行）》，补齐突发环境事件应急响应制度短板。广东省组织制定印发《广东省企业事业单位突发环境事件应急预案编制指南（试行）》，提高省内企业事业单位突发环境事件应急预案编写质量。广西壮族自治区编制了应急预案备案规范性文件，规范应急预案备案工作。

二是推进各级各类预案编修。全国省、市两级政府预案编制率为100%，县级政府预案编制率由2016年的80%提升至2020年的95%以上。截至2020年底，各省和大部分地级市完成了一轮政府突发环境事件应急预案修编。福建省、广西壮族自治区持续修编完善各类预案，已建立包括政府、生态环境部门、企业事业单位和饮用水水源地等专项应急预案在内的环境应急预案体系。

三是推动预案管理提档升级。建设环境应急预案电子备案系统和预案范例库。全国重点企业预案备案率由2016年的46%提升至2020年的90%以上，5万多家预案实现电子备案。长江经济带涉危涉重企业实现100%应急预案备案。环渤海“1+12”城市7 000多家涉危涉重企业、黄河流域9省（区）4 000多家涉危涉重企业环境应急预案基本完成备案。

（三）应急响应处置方面

一是抓实新冠肺炎疫情应对环保工作。新冠肺炎疫情发生以来，全国生态环境系统全力以赴做好疫情防控环保支撑工作，坚持做到“两个100%”，即医疗机构及设施环境监管和服务100%全覆盖，医疗废物、医疗废水及时有效收集转运和处理处置100%全落实；因时因势动态调整工作着力点和应对举措，紧盯疫情境外输入和疫情反弹重点地区。疫情期间，全国累计出动50万人次，检查巡查督查有关单位28.15万家次，组织对3 509个饮用水水源地开展监测6.1万余次，接受涉疫情举报投诉190余件，发布相关信息17次，切实保障全国358个城市486座医疗废物集中处置设施，以及近万家定点涉疫医疗污水的城镇生活污水处理厂稳定运行。全国医疗废物处置能力增加了近30%，武汉等重点城市处置能力增加了近4倍。生态环境部印发《生态环境部新冠肺炎疫情控制应急预案》，做好常态化疫情防控工作，先后对出现局部疫情的新疆、辽宁、北京、山东、四川、河北、黑龙江等地医疗废物、医疗污水处理处置情况调度指导，帮助解决处置能力的缺口困难。

二是妥善应对处置各类突发环境事件。2019—2020 年，全国生态环境系统妥善应对处置突发环境事件 469 起，其中重大突发环境事件 2 起。生态环境部指导督办黑龙江伊春鹿鸣矿业“3·28”尾矿库泄漏事故、陕西汉中汉达公司“4·11”坝溪尾矿库泄漏事故等 32 起重大及敏感突发环境事件，事件影响得到及时有效控制。

三是开展突发环境事件调查处理。根据《突发环境事件调查处理办法》，全国各级生态环境部门按照实事求是、客观公正、权责一致的原则，对突发环境事件的原因、性质、责任开展调查处理。生态环境部先后组织开展黑龙江伊春鹿鸣矿业“3·28”尾矿库泄漏、贵州遵义桐梓中石化西南成品油管道柴油泄漏等次生重大突发环境事件调查工作，查明事件原因和经过，梳理相关责任单位履职尽责情况，针对事件暴露出的问题提出防范和整改的建议，督促有关单位做好责任追究和问题整改工作。

（四）应急能力建设方面

一是推动环境应急指挥平台建设。生态环境部按照“资源整合、信息共享、平战结合”的原则，对环境应急指挥系统进行升级改造。通过整合部内外相关数据，将数据与 GIS 数据进行空间关联，初步实现环境应急“一张图”指挥。福建省按照“平战结合”的原则建成环境应急指挥系统，实现了突发环境事件处置“一个页面操作、一张图调度指挥”。广东省升级改造环境风险源与应急资源数据库，推动环境应急综合管理平台建设。

二是推进“三库”建设。生态环境部建设环境应急物资信息库，印发《环境应急物资信息库管理工作指南（试行）》，规范信息库管理，完成4 000多个环境应急物资库与1 000多家应急物资生产企业信息填报，资源信息已达60 000多条。建设应急处置技术库，为各地突发环境事件处置提供技术参考。完善应急专家库，成立生态环境部第一届环境应急专家组，出台《生态环境部生态环境应急专家组管理办法》，全面掌握全国环境应急专家信息，环境应急指挥平台已录入专家信息近3 000条。

三是强化一线应急救援队伍。持续开展基层培训，推进专业化、社会化应急队伍建设。2019年，生态环境部连续组织3期全国地市级生态环境局局长培训班，提升基层环境应急意识与应急能力。北京市开展环境应急常态化培训，全市环境应急管理人员、专业处置队伍、重点风险源企业环境应急负责人1 200余人次参加培训。广东、江苏、重庆、辽宁、陕西等10余个省（市）依托社会力量建设了环境应急救援队伍，广东省第三方环境应急救援单位报名数量达到65家，陕西省已建立应急救援专业化队伍13支。

四是狠抓环境应急实战演练。将演练作为检验预案、锻炼队伍、磨合机制、提升能力的重要抓手，不断增强环境应急演练实战水平，“十三五”以来，各省组织开展省级环境应急演练100余次。2019年，生态环境部组织广东省梅州市、福建省龙岩市开展了“汀江—韩江跨界流域突发环境事件应急演练”；指导四川省泸州市开展了“天府使命—2019年长江出川断面突发环境事件应急演练”。2020年，在生态环境部、河南省生态环境厅指导下，郑州市开展了以涉黄河水污染处置为主要情景的跨流域、跨区域、跨部门联动综合实战性环境应急演练。山东省组织16市生态环境局共230余人开展了生态环境应急实兵演练暨生态环境监管技术比武竞赛。河北省生态环境厅联合北京、天津生态环境局开展了京津冀突发水环境事件联合应急演练。广西、广东两省生态环境厅联合组织开展了 2020 年粤桂两省（区）跨界污染突发环境事件联合应急演练。江苏省会同浙江嘉兴、上海青浦共同开展了“长三角生态绿色一体化发展示范区应对跨区域突发环境事件综合应急演练”。浙江、安徽两省生态环境厅联合组织开展了“皖浙环—2020”新安江流域突发环境事件跨省联动处置应急演练。

三、存在的主要问题

当前，我国生态环境形势仍然严峻，存在“三个没有根本改变”的情况，即以重化工为主的产业结构、以煤为主的能源结构、以公路为主的运输结构没有根本改变；环境污染和生态环境保护的严峻形势没有根本改变；生态环境事件多发频发的高风险态势没有根本改变。随着我国以国内大循环为主体、国内国际双循环相互促进的新发展格局加快形成，我国资源开发利用、产业结构、企业布局等都可能发生深刻变化，给突发环境事件风险变化带来不确定性。面对突发环境事件多发频发的高风险态势，对标习近平总书记对突发环境事件应对的重要指示批示精神，以及党中央、国务院的要求和建设美丽中国的发展愿景，环境应急能力还需要不断提升。

（一）生态环境风险仍十分突出

我国正处于工业化转型升级阶段，产业结构偏重、能源结构偏煤、危化品交通运输结构不够合理等现状短期内难以根本改变，涉危险化学品生产、储存、运输等生产活动频繁并持续处于增长状态，各类事故造成的环境风险形势依然严峻。“十三五”以来，平均每年超过80%的突发环境事件由生产安全事故、交通运输事故次生引发；同时全球气候变化导致极端天气增加，自然灾害次生衍生突发环境事件时有发生，环境风险的不确定性和应急处置的压力加大。沿江、沿河区域高风险行业企业集聚，人居活动与高风险工业活动区域密集交织，极易发生重大及敏感性事件；同时产业转移带来的环境风险转移不容忽视。突发环境事件社会关注度越来越高、容忍度越来越低，环境应急面临着空前的公众监督压力。这些不可控因素给突发环境事件风险防范带来了极大挑战。

（二）环境应急准备不到位

环境应急物资的调配使用缺乏区域间、部门间统筹协调，环境应急物资储备库覆盖率低，储备种类针对性不足，不少地方存在对本区域和周边区域可用的环境应急物资底数未完全掌握、环境应急物资动态管理能力滞后等问题。应急技术以通用性措施为主，缺乏场景化、本地化的针对性准备，难以满足及时、有效的现场处置需要。流域、区域环境风险评估工作相对滞后，导致重要敏感目标和关键管控重点不明，进一步导致流域、区域预案缺失或针对性、可操作性不足，未发挥预案对应急准备的统筹和核心引领作用。

（三）基层先期研判和救援能力不足

以重要敏感目标保护为导向的流域、区域环境风险管控模式尚未完全建立。一些地方环境应急监测能力薄弱，与应急处置的实际需求相比差距较大。突发环境事件预警尚处于起步阶段，预警工作以定性提醒为主，分析预判能力不足。突发环境事件发生后，一些基层环境应急人员缺乏足够的底线思维和风险意识，先期研判不准、采取措施不够科学有效，导致后期应急处置工作被动。

（四）区域间、部门间环境应急管理衔接不充分

部分地区人员队伍、管理水平与突发环境事件风险水平不匹配。全国环境应急岗位人员变动频繁，专业素质和实战能力不足，与当前环境应急面临的严峻形势和艰巨任务不相适应；应急援救等部门协调联动不足，缺少“原生事故”与“次生事件”一体化的综合培训和实战演练。应急处置能力和处置流程的规范化、标准化工作欠缺，经验依赖性强。

四、下一步重点工作方向

习近平总书记指出，要建立健全以生态系统良性循环和环境风险有效防控为重点的生态安全体系，把生态环境风险纳入常态化管理，系统构建全过程、多层级生态环境风险防范体系，健全风险防范化解机制，坚持从源头上防范化解重大风险，真正把问题解决在萌芽之时、成灾之前，做好应对任何形式风险的准备，实施精准治理；要加强应急救援队伍建设，把应急物资保障作为国家应急管理体系建设的重要内容，重视基层应急能力建设，着力提升突发环境事件应急处置能力。

“十四五”期间，生态环境部门应深入贯彻落实习近平生态文明思想，坚持总体国家安全观，以降低事件总数、控制事件影响、基本实现环境应急管理体系和能力现代化为目标，以强化环境应急能力建设为关键抓手，推进实施问题精准、时间精准、对象精准、区域精准、措施精准策略，推动从被动应对向主动防范转变，做到应急准备实、发现问题早、赶赴现场快、指导应对科学、响应处置规

范、调查处理严肃，在守好生态环境安全底线中发挥兜底作用。

（中华人民共和国生态环境部供稿）

2020 年交通运输应急管理总结评估报告

2020 年，交通运输部认真贯彻落实习近平总书记重要指示批示精神和党中央、国务院决策部署，扎实开展新冠肺炎疫情联防联控，认真组织行业防汛防台风等工作，及时妥善组织处置各类涉交通运输突发事件，有力保护了人民群众生命财产安全。

一、主要工作及开展评估情况

（一）全力组织交通运输行业开展疫情联防联控工作

疫情就是命令！面对突如其来的新冠肺炎疫情，交通运输系统坚决迅速贯彻落实党中央、国务院决策部署，坚持人民至上、生命至上，以交通人的责任、使命与担当，同时间赛跑、与病魔较量。有光荣传统的 4 000 万交通运输抗疫大军，听党指挥，攻坚克难，顽强作战，能打胜仗，推动交通运输抗疫取得阶段性胜利，有力发挥了抗击疫情的“先行官”“保障队”“防火墙”作用，为我国疫情防控取得重大战略成果提供了坚强保障。疫情防控综合协调等工作情况如下。

第一，立即启动应急响应，建立抗疫“指挥部”。2020 年 1 月，交通运输部应对新冠肺炎疫情工作领导小组和联防联控机制第一时间成立，统一组织交通运输行业疫情防控和服务保障等各项工作。交通运输部应急办发挥机关抗疫先锋和骨干作用，全力履行联防联控机制综合协调职责，围绕中心、服务大局，高质量做好会议筹备、措施拟定、信息传递、任务督办、数据统计、视频调度等工作。高质高效承办部新冠肺炎疫情工作领导小组和部联防联控机制会议；下达任务 1 100 余项、组织调度 105 次；编发简报 228 期、专报 71 期。

第二，充分做好分析研判，当好决策“参谋部”。应急办会同各有关司局及时调度掌握行业疫情防控工作动态，督促各省份交通运输部门动态报送相关数据，梳理问题与不足，提出工作建议。牵头及时向国务院联防联控机制反馈意见建议，会同联防联控机制其他成员单位研究提出的“一断三不断”“三不一优先”等意见建议，得到国务院联防联控机制的充分肯定并付诸实施。做好向上级信息部门的报告工作，加大有深度、有广度、可操作、针对性强的综合性信息报送。

第三，及时下达各项指令，当好宣贯“通讯员”。交通运输部及时下达防控指令，确保防控“一盘棋”、运行“一张网”、作战“一张图”，凝聚强大的交通抗疫力量。在应急性超常规阶段，通过印发通知、召开视频会议等多种形式，及时作出部署、下达指令，组织指导行业全力做好疫情防控和应急运输保障等工作。进入常态化疫情防控阶段，牵头印发有关指导意见，要求慎终如始、毫不放松抓好交通运输行业“外防输入、内防反弹”工作。

第四，积极开展视频调度，当好落实“督查员”。针对重点地区、重点领域、重点环节加强调度督导，确保重点任务落到实处、不打折扣。及时将交通运输部领导小组和联防联控机制各项部署督办落实到位，确保事事有着落、件件有回音。及时将基层实际情况了解到位、反映到位，将困难和问题研究到位、协调解决到位。涉及多省协调的事件，及时开展联合调度，集中会商，现场拍板定调。常态化开展视频调度，指导重点省份交通运输部门坚持常态化精准防控和局部应急处置有机结合……一根根网线将天南地北交通人紧紧连接在一起，抗疫期间得到充分发挥的交通运输综合应急指挥中心视频调度功能，成为最直接、最高效、最有现场感的督促落实方式。

第五，切实夯实工作基础，当好保障“勤务兵”。切实加强对疫情防控基础工作全过程、全场景的记录与管理。客观全面记录《交通运输部应对新冠肺炎疫情工作大事记》，及时做好更新和核查，定期征求意见，确保内容客观真实。定期汇编工作成果，全年印发《应对新冠肺炎疫情文件汇编》11 册，共 3 000 余页近 90 万字。扎实细致的基础工作，为交通运输部联防联控机制其他成员单位的工作提供了支持保障。强化公文运转和归口管理，严格执行登记、流转、办理、归档程序。精心做好归档工作，组织专班认真梳理相关台账、资料，精心做好档案移交归档工作。

第六，动态把握运行规律，当好创新“突击队”。应对新冠肺炎疫情，没有现成的经验可以借鉴，我们打破常规，“边战斗、边总结、边提高”。坚持目标和问题导向，广泛听取专家学者意见，广泛收集各方资料信息，每日分析研判重点工作开展情况，大胆创新内部工作机制和工作方法，及时对相关工作制度作出调整。充分利用网络视频等适合疫情防控特点的技术手段，提高信息传递效率。创新优化数据采集和统计方法，为基层减负，客观量化反映行业动态。

第七，充分发挥组织优势，当好攻坚“红旗手”。在抗疫这场没有硝烟的战争中，交通运输部综合应急指挥中心联合党支部积极响应党组号召，第一时间启动战前动员机制，让党旗在疫情防控的一线高高飘扬！全体党员同志关键时候站得出来，主动放弃休假，春节假期全员上岗，党员领导干部更是身先士卒、率先垂范，连续奋战在疫情防控一线。综合应急指挥中心联合党支部是全国和交通运输部疫情防控工作的一个缩影，这些感人的事迹生动诠释了生命至上、举国同心、舍生忘死、尊重科学、命运与共的伟大抗疫精神。

（二）运用系统思维，统筹推进交通运输应急管理重点工作开展

第一，认真组织做好水上搜救工作。做好《国务院办公厅关于加强水上搜救工作的通知》宣贯落实，完善联席会议制度，推动形成“政府领导、统一指挥、属地为主、专群结合、就近就便、快速高效”的工作格局。全年组织协调水上搜救行动 1 758 次，成功救助遇险船舶 1 110 艘、搜救遇险人员 10 834 人，搜救成功率达 95.8%。

第二，切实做好极端天气预警预防工作。服务保障视频调度地方交通运输部门，就防御 4 号台风“黑格比”和 8 号、9 号、10 号连续三个北上台风的预警预防工作做好指挥决策辅助。系统梳理台风防御工作经验规律，指导地方交通运输部门提高防御水平。参加相关部门组织的船舶台风期间管控调研，并提出工作建议。

第三，着力完善交通运输应急管理体系。会同有关单位启动巨灾情景构建和应对预案编制，会同部属科研院所编制《交通运输突发事件应急预案管理办法》《突发公共卫生事件交通运输应急预案》。会同交通运输部管理干部学院开展交通运输系统应急管理网络培训。赴四川、贵州、内蒙古等省（区）开展实地调研，系统梳理地方交通运输应急管理体制机制和能力现状，为起草有关推进行业应急管理体系和能力现代化的指导意见奠定基础。

第四，加快交通运输调度与应急指挥系统建设。持续优化完善交通运输调度与应急指挥系统各功能模块，打造专业化的应急值守机构、智能化的信息交互中心和常态化的调度指挥平台。2020 年 11 月底，调度与应急指挥系统交工验收，已做好在省级交通运输主管部门的推广使用准备。

第五，做好重点时段应急值班和服务保障。全国“两会”、劳动节、国庆、中秋假期等重大活动和重要节假日期间，指导行业克服疫情防控和交通运输服务保障双重工作压力，加强应急值班和服务保障，全力确保行业运行总体平稳。

二、存在的问题与下一步工作思路

2020 年应急工作任务重、情况复杂，交通运输系统履职尽责、攻坚克难，较出色地完成了工作。然而，暴露出的短板弱项以及面临的风险挑战也不容忽视。一是全球疫情仍在扩散蔓延，“外防输入、内防反弹”任务艰巨。二是行业企业受疫情影响经营压力加大，安全管理和应急准备投入不足。三是应对超大桥梁垮塌、超长隧道火灾、大型邮轮遇险、剧毒化学品运输泄漏、大型船舶原油溢油等巨灾情景研究还不够深入，处置能力还有待提高。四是船舶防台风锚地和高海况专业救助拖轮等硬件设施普遍不足。五是综合交通应急管理体系推进不快，综合交通运输“一案三制”建设短板客观存在，应急处置合力尚未有效发挥。

2021 年是建党 100 周年，也是加快建设交通强国和实施“十四五”规划的开局之年。我们要坚决贯彻落实习近平总书记关于交通运输和应急管理工作的重要指示批示精神，既要抓住加快建设交通强国和应急管理改革发展带来的新的战略机遇，也要清醒认识到当前和今后一个时期是我国各类矛盾与风险易发期，行业安全稳定形势依然严峻。站在“两个一百年”奋斗目标的历史交汇点上，必须强化底线思维，坚持科学理念，运用系统观念，用好科技支撑，全面谋划和推进 2021 年交通运输应急管理工作。一是弘扬伟大抗疫精神，毫不放松抓好常态化疫情防控，坚持常态化精准防控和局部应急处置有机结合。二是组织做好行业防汛、防御台风，以及防抗寒潮大风、低温雨雪冰冻、大雾和海冰工作。三是在充分调查研究的基础上，印发有关指导意见，全面推进交通运输领域应急管理体系和能力现代化。四是编制印发有关突发公共卫生事件和“巨灾”的应对预案，以及交通运输突发事件应急预案管理办法，夯实交通应急工作基础。五是强化综合应急指挥中心调度指挥功能，加强演习演练统筹和示范，促进行业应急处置能力提升。六是进一步提升应急值班队伍能力素质，在细节上下功夫，高质量做好信息报告等各项工作。

（中华人民共和国交通运输部供稿）

2020 年自然灾害应对工作总结评估报告

一、总体概况

2020 年，中国气候年景总体偏差，主汛期南方地区遭遇 1998 年以来最重汛情，自然灾害以洪涝、地质灾害、风雹、台风灾害为主，地震、干旱、低温冷冻、雪灾、森林草原火灾等灾害也有不同程度发生。全年各种自然灾害共造成 1.38 亿人次受灾，591 人因灾死亡或失踪，589.1 万人次被紧急转移安置；10 万间房屋倒塌，30.3 万间房屋严重损坏，145.7 万间房屋一般损坏；直接经济损失 3 701.5 亿元。

面对复杂严峻的灾情，中国政府着眼于国家经济社会发展全局，各受灾地区、各有关部门坚决贯彻习近平总书记关于统筹做好疫情防控和防汛救灾工作的重要指示精神，全面落实党中央、国务院重大决策部署，始终把人民生命安全放在第一位，及时果断转移受威胁群众，全力抢险救援救灾，尽最大努力降低了人员伤亡和灾害损失。与近 5 年均值相比，2020 年全国因灾死亡（失踪）人数下降 43%，其中因洪涝灾害死亡（失踪）279 人、下降 53%，均为历史新低。

二、灾情特点

总体来看，2020 年中国自然灾害主要呈现以下特点。

第一，主汛期南方地区遭遇 1998 年以来最重汛情，洪涝灾害影响范围广，人员伤亡较近年显著下降。2020 年，全国共出现 33 次大范围强降水过程，平均降水量 689.2 毫米，较常年偏多 11.2%，为 1961 年以来第三多。汛期降雨主要集中在长江中下游地区，接连出现 10 次强降雨过程，落区重叠度高，梅雨季长达 62 天，梅雨量为 1961 年以来最多。长江、黄河、淮河等主要江河共发生 21 次编号洪水，次数超过 1998 年。长江发生流域性大洪水，上游发生特大洪水，三峡水库出现建库以来最大入库流量 75 000 立方米/秒；太湖发生历史第三高水位的流域性大洪水，淮河、松花江均发生流域性较大洪水。在遭遇严峻汛情背景下，洪涝灾情呈现“三升两降”特点：受灾人次、紧急转移安置人次和直接经济损失较近 5 年均值分别上升 23%、62%和 59%，因灾死亡（失踪）人数、倒塌房屋数量分别下降 53%和 47%。此外，由于降雨频率高、强度大、范围广，导致地质灾害发生数量较往年偏多，主要以中小型为主，西南地区地质灾害灾情较重，损失占全国的一半以上。

第二，风雹灾害点多面广，南北差异大。2020 年，全国共出现 58 次大范围短时强降雨、雷暴大风和冰雹等强对流天气过程，较近 5 年均值明显偏多。全国 1 367 个县（市、区）遭受风雹灾害，造成 1 514 万人次受灾、93 人死亡（失踪）。灾害影响南北差异大，主要表现为：北方主要以大风、冰雹等强对流灾害为主，集中发生在 5—6 月，对农作物造成重大损失；南方主要以连续、集中的短时强降雨、雷暴等强对流灾害为主。7—8 月，四川盆地、长江流域等地雷暴大风次数为 2011 年以来最多，雷击造成人员死亡（失踪）事件多发频发。

第三，台风时空分异明显，对华东、东北等地造成一定影响。2020 年，西北太平洋和南海共有 23 个台风生成，较多年平均偏少 3.8 个，其中，有 5 个台风登陆中国，较多年平均偏少 2 个。7 月在南海和西太平洋地区无台风生成和登陆，为 1949 年以来首个 7 月“空台月”。8 月上中旬，第 4 号台风“黑格比”、第 6 号台风“米克拉”和第 7 号台风“海高斯”先后在近海快速增强，均以峰值强度登陆中国华东、华南沿海地区，华东地区受灾较重，尤其是第 4 号台风“黑格比”对浙江造成较大影响。8 月下旬至 9 月上旬，两周内第 8 号台风“巴威”、第 9 号台风“美莎克”和第 10 号台风“海神”先后北上影响东北地区，间隔时间短、影响区域高度重叠，台风带来的持续性降雨造成嫩江、松花江、黑龙江等主要江河超警，黑龙江、吉林等地农作物大面积倒伏。

第四，干旱灾害阶段性、区域性特征明显。2020 年，全国旱情较常年明显偏轻，从年初开始主要经历了西南地区冬春旱、华北地区春旱、东北地区夏伏旱和年底南方局地旱情。汛期大部地区雨水偏多、蓄水情况较好，局地旱涝急转、旱涝并存。四川、重庆、辽宁、吉林 4 省（市）初夏旱情较重，但入汛后连续出现强降雨，6 个市（州）64 个县（区）旱涝急转；江西、湖南 2 省因梅雨期降雨不均，出现北涝南旱、旱涝并存。总体来看，2020 年全国因旱农作物受灾面积、直接经济损失较近 5 年均值分别下降 44%和 37%，云南、辽宁、山西、四川、内蒙古、陕西 6 省（区）旱情相对较重。

第五，森林草原火灾呈下降趋势，时空分布相对集中。2020 年，全国发生森林火灾 1 153 起（重大森林火灾 7 起，未发生特大森林火灾），受害森林面积 8 526 公顷；发生草原火灾 13 起，受害面积 11 046 公顷。与近年均值相比，森林草原火灾发生起数、受害面积和造成伤亡人数均降幅较大。从时段来看，森林火灾主要集中在 2—5 月，期间春耕生产、上坟烧纸、野外踏青等林内活动频繁，导致火灾起数加剧，共发生 780 起，接近全年森林火灾的 70%；7 月雷击火灾集中爆发，全年因雷击引发森林火灾 130 起，较 2019 年上升8.3%。从区域来看，西南等地火险期叠加干旱，广西、四川、陕西等省（区）森林火灾较多，占全国森林火灾的30%以上。

第六，地震强度总体偏弱，西部发生多起中强地震。2020年，共发生5.0级以上地震20次（其中5.0～5.9级地震17次，6.0～6.9级地震3次），低于1950年以来平均水平。上半年地震灾害偏重，发生5.0级以上地震次数占全年的80%，其中，1月19日新疆伽师6.4级地震及其余震造成1人死亡，800余间房屋倒塌；5月18日云南巧家5.0级地震造成4人死亡，1 100余间房屋不同程度损坏。全年5.0级以上地震主要发生在新疆、西藏、四川、云南等地。7月23日西藏尼玛6.6级地震是2020年全国最高震级地震，震中位于高海拔人口稀少地区，造成50余间老旧房屋损坏，未造成人员伤亡。

第七，低温冷冻和雪灾对部分地区造成一定影响。2020年，全国共出现18次冷空气过程，接近常年。4月，两次冷空气过程造成西北、华北至山东一带出现大范围大风降温降雪过程，山东、河北、山西等局地最低气温降至零度以下，导致果蔬等作物大面积受冻；11—12月，中东部地区出现两次大范围雨雪降温天气过程，造成内蒙古、吉林、黑龙江、陕西等7省（区）不同程度受灾，局地降温幅度达12～14℃，多地电力设施受损；12月，湖南、福建、广西等南方地区遭受低温冷冻灾害，对农作物造成一定损失。

三、十大自然灾害事件

2020年，全国发生的各类自然灾害损失较重的十大事件（见表1）。

表 1　2020 年中国十大自然灾害事件

重大自然灾害事件	受灾人口（万人）	死亡（失踪）人口（人）	直接经济损失（亿元）
长江、淮河流域特大暴雨洪涝灾害	3 417.3	107	1 322.00
川、渝、陕、甘、滇严重暴雨洪涝灾害	852.3	71	609.30
江南、华南等地暴雨洪涝灾害	714.4	63	210.60
西南等地暴雨洪涝灾害	597.8	39	113.70
第 4 号台风“黑格比”事件	188.0	5	104.80
云南巧家 5.0 级地震	1.1	4	1.01
新疆伽师 6.4 级地震	11.5	1	16.20
东北地区遭遇台风“三连击”	804.5	0	172.90
华北、西北地区低温冷冻灾害	432.3	0	82.00
云南春夏连旱	589.0	0	34.90
损失合计	7 608.2	290	2 667.41
全国全年总损失	13 829.8	591	3 701.50

注：十大自然灾害损失占全年总损失比重分别为：55.0%（受灾人口），49.1%（死亡人口），72.1%（直接经济损失）。

（一）长江、淮河流域特大暴雨洪涝灾害

7 月，长江、淮河流域连续遭遇 5 轮强降雨袭击，长江流域平均降雨量（259.6 毫米）较常年同期偏多 58.8%，为 1961 年以来同期最多，长江发生 3 次编号洪水；淮河流域平均降雨量（256.5 毫米）较常年同期偏多 33%。受强降雨影响，淮河流域江河来水偏多 1.5～2 倍、长江中下游流域来水偏多 40%～60%，引发严重洪涝灾害。灾害造成安徽、江西、湖北、湖南、浙江、江苏、山东、河南、重庆、四川、贵州 11 省（市）3 417.3 万人受灾，99 人死亡，8 人失踪，299.8 万人紧急转移安置，144.8 万人需紧急生活救助；3.6 万间房屋倒塌，42.2 万间房屋不同程度损坏；农作物受灾面积 3 579.8 千公顷，其中绝收 893.9 千公顷；直接经济损失 1 322 亿元。

（二）川、渝、陕、甘、滇严重暴雨洪涝灾害

8 月 10—17 日，西南地区东部、四川盆地至陕西、甘肃等地连续出现多轮强降雨过程。其中，四川盆地中西部和甘肃南部降水量较常年同期偏多 2～4 倍，陕西西南部及云南偏多 50%。强降雨引发长江上游发生特大洪水，三峡水库出现建库以来最大入库流量 75 000 立方米/秒，多地暴发山洪、泥石流等灾害。灾害造成四川、重庆、陕西、甘肃、云南 5 省（市）53 市（州）852.3 万人受灾，58 人死亡，13 人失踪，107.1 万人被紧急转移安置，8.3 万人需紧急生活救助；2.3 万间房屋倒塌，35 万间房屋不同程度损坏；农作物受灾面积 331.1 千公顷，其中绝收 58.6 千公顷；直接经济损失 609.3 亿元。

（三）江南、华南等地暴雨洪涝灾害

6 月 2—14 日，江南、华南及贵州等地出现多轮强降雨过程，且降雨落区重叠。其中，6 月 5—10 日，广西东北部、广东中东部等地降雨量达 300～500 毫米，广东惠州和汕尾局部地区降雨量达 600～979 毫米。受连续强降雨影响，广西西江干流及支流、广东北江中游及支流 80 余条河流发生超警以上洪水，其中广西柳江支流洛清江、广东北江支流滃江等 5 条河流发生超历史洪水，引发洪涝及次生地质灾害。灾害造成广东、广西、湖南、贵州、浙江、福建、江西、湖北 8 省（区）714.4 万人受灾，54 人死亡，9 人失踪，47.5 万人被紧急转移安置，20.1 万人需紧急生活救助；近 6 700 间房屋倒塌，6.6 万间房屋不同程度损坏；农作物受灾面积 577.5 千公顷，其中绝收 62.5 千公顷；直接经济损失 210.6 亿元。

（四）西南等地暴雨洪涝灾害

6 月 20—28 日，重庆、四川、贵州至长江中下游地区遭遇两

次降雨过程。其中，6 月 20—25 日，上述地区累计降雨量超过 100 毫米的地区面积达 33 万平方公里，重庆南川、贵州黄平和惠水、湖南常宁日降雨量达到或突破当地 6 月历史极值；重庆、四川、贵州等多地共计 58 条河流发生超警以上洪水，16 条河流发生超保洪水，3 条中小河流发生超历史洪水，重庆綦江五岔站水位、流量为有资料以来第 1 高位。26—28 日，川渝至长江中下游出现新一轮强降雨过程，暴雨区域北移，四川盆地、重庆西南部、贵州北部、湖北东部和西南部、安徽北部、江苏中部等地大部地区相继出现大到暴雨，四川东部、湖北北部、安徽北部等地局部地区降雨量达 250～300 毫米。两轮降雨过程引发洪涝灾害，造成四川、贵州、重庆、湖南、安徽、江西、湖北 7 省（市）597.8 万人受灾，36 人死亡，3 人失踪，24.9 万人被紧急转移安置，9.9 万人需紧急生活救助；4 100 余间房屋倒塌，4.3 万间房屋不同程度损坏；农作物受灾面积 438.6 千公顷，其中绝收 48 千公顷；直接经济损失 113.7 亿元。

（五）第 4 号台风“黑格比”事件

2020 年第 4 号台风“黑格比”于 8 月 4 日凌晨 3 时 30 分前后以近巅峰强度在浙江省乐清市沿海登陆，登陆时中心附近最大风力为 13 级（38 米/秒）。受其影响，8 月 3—5 日，浙江温州、台州、金华等地部分地区累计降雨量达 250～350 毫米，温州永嘉和乐清局部地区降雨量达 400～552 毫米。灾害造成浙江、上海 2 省（市）5 市 30 个县（市、区）188 万人受灾，5 人死亡，32.7 万人被紧急转移安置，1.2 万人需紧急生活救助；4 300 余间房屋倒塌，8 000 余间房屋不同程度损坏；农作物受灾面积 76.3 千公顷，其中绝收 6.3 千公顷；直接经济损失 104.6 亿元。

（六）云南巧家5.0级地震

5月18日21时47分，云南昭通市巧家县（北纬27.18度，东经103.16度）发生5.0级地震，震源深度8公里。地震造成昭通市巧家、鲁甸2县4人死亡（巧家县小河镇2人因房屋倒塌致死、新店镇1人因滚石砸中致死，鲁甸县乐红乡1人因滚石砸中致死），28人受伤（巧家县26人，鲁甸县2人）；1 151间房屋损坏；直接经济损失1.01亿元。

（七）新疆伽师6.4级地震

1月19日21时27分，新疆喀什地区伽师县（北纬39.83度，东经77.21度）发生6.4级地震，震源深度16公里，此后震中附近又相继发生1次5.2级余震和数次4.0级以上余震。地震造成1人死亡、2人轻伤；4 000余间房屋不同程度损坏，部分道路、桥梁、水库等设施受损；直接经济损失16.2亿元。

（八）东北地区遭遇台风“三连击”

8月下旬至9月上旬，两周内第8号台风“巴威”、第9号台风“美莎克”和第10号台风“海神”先后北上影响东北地区，间隔时间短、影响区域高度重叠，造成东北地区半个月内平均降水量达170.1毫米，较常年同期偏多3倍，为1961年以来历史同期最多。台风带来的降雨造成嫩江、松花江、黑龙江等主要江河长时间超警，大风造成黑龙江、吉林等地玉米等农作物大面积倒伏；直接经济损失172.9亿元。

（九）华北、西北地区低温冷冻灾害

4月19—25日，华北、西北地区出现持续大范围大风降温天气

过程，局地伴有沙尘天气，其中河北西北部、北京中西部、内蒙古东南部和中部偏南地区等地 8 级以上阵风出现时长有 24～45 小时；山西大同市阳高县、云冈区部分地区最低气温降至－9℃。持续大风低温造成大面积坐果期果树冻伤、大棚损毁、蔬菜受冻。灾害造成河北、山西、内蒙古、黑龙江、陕西、甘肃、宁夏 7 省（区）432.3 万人受灾；农作物受灾面积 530.1 千公顷，其中绝收 154.1 千公顷；直接经济损失 82 亿元。

（十）云南春夏连旱

2020 年入春后，云南持续高温少雨引发严重旱情，其中，普洱南部、西双版纳降水偏少 60％～80％；3 月全省平均气温达 17℃，较常年同期偏高 1.5℃，为历史同期第三高，造成部分城市供水紧张、农村人畜饮用水困难。4 月底，部分地区出现降雨，旱情得到一定程度缓解。5 月 1—14 日，全省再次出现高温少雨天气，全省有 96 个站点共出现 30℃以上高温 791 站次；累计平均降水量 8.8 毫米，较常年少 75％，旱情再度发展。灾害造成玉溪、昭通、楚雄等 16 市（州）106 个县（市、区）589 万人受灾，197.6 万人因旱需生活救助，其中 156.6 万人因旱饮用水困难需救助；农作物受灾面积 871.7 千公顷，其中绝收 33.9 千公顷；饮水困难的牲畜达 46.8 万头（只）；直接经济损失 34.9 亿元。

（国家减灾委员会供稿）

2019 年全国药品监督管理总结报告

2019 年是全国药品监管系统机构改革到位、协同运转的第一年，也是新时代药品监管工作健全机制、夯实基础的一年。一年来，在党中央、国务院坚强领导下，全国药监系统以习近平新时代中国特色社会主义思想为指导，牢固树立以人民为中心的发展思想，全面落实药品安全“四个最严”要求，深入贯彻落实党中央、国务院决策部署，全面加强药品监管，有力保障了人民群众用药安全有效，有力推动了医药产业高质量发展。

一、法规标准建设迈出重大步伐

一是法规制度框架基本建立。新修订的《中华人民共和国药品管理法》和《中华人民共和国疫苗管理法》已于 2019 年 12 月 1 日实施；《化妆品监督管理条例（草案）》已于 2020 年 1 月 3 日经国务院常务会议审议通过，《医疗器械监督管理条例》待司法部部务会议审议。新时代“两品一械”监管法规体系的“四梁八柱”基本搭建，全面贯彻“四个最严”要求，将中决的部署、发展的要求、群众的期盼、改革的经验，以法律法规的形式固定下来，改革发展于法有据，监管事业行稳致远。河北、河南等地开展了形式多样覆盖广泛的“两法”宣贯活动，各地学法普法热情高涨。

二是配套规章制度日趋完善。出台《进口药材管理办法》，进一步规范进口药材监管。《药品注册管理办法》《药品生产监督管理办法》已经市场监管总局局务会审议通过，《药品经营监督管理办法》等规章的制修订工作正在紧锣密鼓地推进，“两品一械”相关规范性文件和技术指导原则制修订提速，深化改革、强化监管的制度保障进一步夯实。北京落实新修订的《中华人民共和国药品管理法》要求，出台执法的自由裁量基准。广东出台了化妆品安全地方法规，为产业发展提供坚实保障。

三是标准体系更加科学严谨。编制完成《中国药典》(2020 年版)，拟新增品种 332 个，修订品种 1 002 个。积极推进中药配方颗粒统一标准、中药注射剂标准提高等专项工作。开展国家药品标准清理工作，共涉及品种 1.7 万个。各省基本完成省级中药饮片炮制规范清理提升工作。开展医疗器械强制性标准整合精简，40 项强制标准转为推荐性标准。医疗器械标准已达 1 671 项，与国际标准一致度达到 90.4%。组织开展 8 项化妆品技术规范制定、修订工作，发布实施 12 项检验方法，涉及禁限用物质 134 个。

二、审评审批制度改革红利持续释放

一是药品注册审批保持加速度。落实中央部署，加快新药好药上市，优化审评审批流程。药品原料辅料包材实现关联审评审批，药物临床试验机构实施备案管理，92%的药品注册申请按时限审评，申请人时间成本大大降低。2019 年，批准药品上市注册申请 588 个，其中新药 50 个，包括一类新药 10 个、临床急需境外新药 16 个，公众用药需求得到进一步满足。多地出台鼓励支持产业高质量发展的政策措施，助推创新发展。

二是仿制药质量和疗效一致性评价工作稳步推进。坚持标准不降、分类施策，持续推进一致性评价工作。发布新批准上市以及通过仿制药质量和疗效一致性评价的化学药品目录并持续更新，共收录 1 052 个品规。截至 2020 年 1 月，已发布一致性评价参比制剂

1 899 个品规，134 个品种、385 个品规通过了一致性评价，为药品集中采购试点及医改工作大局提供了坚实保障。浙江、吉林、湖南、四川等地鼓励企业开展一致性评价的奖励政策落地，企业积极性进一步提升。

三是医疗器械审评审批奋力前行。启用医疗器械注册电子申报信息化系统（eRPS），全部实现网上办理，行政相对人负担大大降低，申报质量大幅度提升。2019 年，批准注册医疗器械 1 724 个，其中创新医疗器械 19 个，优先审评医疗器械 10 个。会同国家卫生健康委开展医疗器械唯一标识（UDI）系统试点，发布《医疗器械唯一标识系统规则》，唯一标识数据库上线运行；联合印发《定制式医疗器械监督管理规定（试行）》，更好满足患者多样化、个性化需求。医疗器械注册人制度试点范围扩大至 21 个省份，部分省份开展注册人试点区域合作。海南开展医疗器械临床真实世界数据应用试点。甘肃助推我国首台自主知识产权的碳离子治疗系统获批上市，高端医疗器械装备国产化实现积极突破。

四是化妆品注册备案成效显著。实施国产非特殊用途化妆品告知性备案，5 个工作日即可完成。实施特殊用途化妆品行政许可延续承诺制审批，审批时限压缩至 15 个工作日。协调指导 15 个省份承担进口非特殊用途化妆品许可改备案工作，有效解决检验资源分配不均、注册备案检验环节耗时过长等问题。2019 年，审批各类特殊用途化妆品行政许可申请 1.23 万件。

五是“放管服”改革持续深化。推进行政审批制度改革，出台取消国产药品注册初审的配套措施；提出取消 4 项、下放 1 项行政许可事项的建议。全面梳理药品监管领域各类证明事项，共取消 120 项。完成网上办事大厅一期建设，初步实现“一网通办”。落实“证照分离”改革，对自贸试验区“证照分离”28 项改革事项制定实施方案，完善加强事中事后监管的5项配套措施。积极推动监管证件联网核查，启用新版药品和药材进口备案管理系统等，实现药品进出口环节监管证件网上申报、网上办理，提升通关便利化，优化营商环境。多地积极采取有力措施进一步简政放权、优化办事流程，为企业发展、便民惠民提供更好服务。

三、疫苗管理体制改革部署深入落实

一是监管机制不断健全完善。全面落实《关于改革和完善疫苗管理体制的意见》，建立疫苗管理部际联席会议制度；在食品药品审核查验中心加挂“国家疫苗检查中心”牌子，统筹推进机构资源优化、队伍建设。在省级层面，11个省份成立了食品药品安全委员会，29个省份建立了疫苗管理部门联席会议制度，19个省份出台了关于改革和完善疫苗管理体制的实施意见，加强疫苗监管、严控风险的监管体制机制已经基本建立并有效运转。

二是疫苗生产监管和保障能力不断加强。出台疫苗生产企业巡查规定，印发《关于向疫苗生产企业派驻检查员的指导意见》，完成全部在产疫苗生产企业的巡查检查和检查员派驻工作。四川等地出台了关于派驻检查员补贴等相关配套政策。推进省级疫苗批签发能力建设，坚持安全性检验100％全覆盖，逐步提高百白破、狂犬病等疫苗有效性抽检比例。积极做好流感、百白破、狂犬病等疫苗的供应保障工作。

三是疫苗国家监管体系（NRA）评估工作扎实推进。积极协调卫生健康、市场监管等部门共同参与，成立评估领导小组。深化与世界卫生组织（WHO）沟通合作，明确我国将于2021年3月接受新一轮评估。参照其新修订的全球基准评估工具要求，开展自评估并制定工作台账。全面推进国家药监局疫苗监管质量管理体系（QMS）建设，颁布疫苗《质量管理手册》和发布程序文件。部署省级药品监管部门全面开展自评自查，推进监管质量管理体系建设。上海、江苏、山东等地在NRA评估工作中，分解细化指标任务要求，积极开展自评估，健全完善疫苗监管质量管理体系。

四、风险隐患防控不断强化

一是持续强化高风险重点产品监管。落实中央部署，全面加强集中采购中标品种质量监管，对中标药品开展全品种覆盖抽检，落实企业主体责任，强化供应保障责任。开展血液制品生产企业全面排查，开展高值医用耗材治理，组织无菌和植入性医疗器械、婴幼儿及特殊用途化妆品等高风险产品监督检查，确保高风险产品质量安全。

二是持续排查化解风险隐患。坚持问题导向，强化底线思维，统筹现场检查等多种手段，强化风险管控。2019年全国各级药品监管机构共检查“两品一械”生产经营企业159万家次，国家药品监督管理局完成飞行检查203家、境外检查41家，首次开展化妆品境外检查。北京市相关部门有力保障了中华人民共和国成立70周年国庆活动的药品安全。内蒙古、黑龙江、湖北、广西、云南等地建立风险防控机制，全力排查化解风险隐患。陕西实施药品生产企业质量信用等级管理、宁夏实施风险分级分类监管，进一步夯实企业主体责任。

三是持续加强风险监测评价。完成“两品一械”国家监督抽检3.4万批次，不合格产品信息全部向社会公开。编印2018年国家药品、医疗器械抽检年报。山东实施“本地抽异地检”，实现“抽检分离”。加强不良反应监测及再评价，2019年，共收到药品不良反应报告151.4万份、医疗器械不良事件报告40.27万份、化妆品不良反应报告12.9万份；分别发布2018年“两品一械”不良反应报告、药物滥用监测年度报告，修订96个药品品种说明书，对复方雪胆呋喃唑酮胶囊等4个药品品种采取撤市措施。

四是保持严打重处违法违规行为的高压态势。聚焦群众关注热点，深入开展中药饮片、执业药师“挂证”、医疗器械“清网”，化妆品“线上净网、线下清源”等专项整治，组织开展芬太尼类药品等特殊药品、易制毒化学品专项检查。指导协调有关省份做好大案要案查办工作。山西、青海、新疆生产建设兵团将开展中药饮片专项整治纳入“整治漠视侵害群众利益问题”专项整治中。江苏在“5·7”特大生产销售假抗癌药案、河北在“10·11”生产制售违法化妆品及医美产品案、湖南在网络销售假冒化妆品案的查办中积极作为，应予充分肯定。

五、监管能力全面提升

一是检查员队伍建设迈出坚实步伐。国务院办公厅印发《关于建立职业化专业化药品检查员队伍的意见》，为在国家和省两级建立适应监管需求的职业化专业化药品检查员队伍，提供政策保障。江西等地全面落实国务院文件部署，积极推进检查员队伍建设。重庆、福建等15个省份，立足地方监管工作实际，深化派出机构设置，在完善体制机制、强化人员配备等方面积累了经验。辽宁、安徽、西藏、新疆等地探索创新有效措施，不断强化药品监管队伍的职业化专业化水平。

二是监管科学研究加快推进。药品监管科学行动计划备受各方关注，首批9个重点研究项目全面推进，与四川大学、中国中医科学院、北京中医药大学、沈阳药科大学、华南理工大学、山东大学、北京工商大学7所高校、科研院所开展广泛合作，首批认定45家重点实验室，就新技术、新业态、新工具开展药品监管前瞻性研究，全面提升监管现代化水平。特别是中检院王军志同志当选为中国工程院院士，对于推动我国药品监管科学发展具有重要意义。

三是国际交流合作不断深化。全面加强与相关国际组织和有关国家的合作，积极参与"一带一路"建设，与世界卫生组织的合作关系更加密切，参与国际人用药品注册技术协调会（ICH）、国际药品监管机构联盟（ICMRA）工作更加深入，牵头组织编写的三份指南文件得到国际医疗器械监管机构论坛（IMDRF）管委会批准，持续推进国际药品医疗器械监管法规标准协同，中国药品监管国际影响力和话语权不断加强。

四是智慧监管推进有力有序。药品（疫苗）信息化追溯体系建设顺利，疫苗追溯协同服务平台基本建成并在天津启动试点。药品信息采集平台（一期）建设取得阶段性进展并开展试点，药品品种档案不断完善。医疗器械生产监管平台和网络交易监测系统投入使用。发布化妆品监管 App，用户量已超过 100 万。"药监云"正式上线运行，"两品一械"三大预警平台上线，智慧监管的数据、网络、硬件支撑进一步夯实。贵州探索智慧监管实践，监管效能持续提升。

五是新闻宣传覆盖更加广泛。全面落实新修订的《中华人民共和国政府信息公开条例》要求，强化政策解读和舆情应对，建立全系统、全媒体的立体化信息发布格局。发挥政府网站信息发布第一平台作用，国家药品监督管理局网站在 2019 年部委政府网站绩效评估中名列前五。连续组织开展 12 届"全国安全用药月"活动，举办首届全国化妆品安全科普宣传周，以公众开放日、视频图文、政策图解等多种形式开展科普宣传，社会公众科学合理使用"两品一械"的认知水平进一步提升。

（国家药品监督管理局综合司供稿）

2020 年气象灾害应对工作总结评估报告

一、2020 年重大气象灾害情况

2020 年，我国暴雨洪涝灾害偏重，汛期雨区重叠度高；台风生成和登陆数均偏少，影响时段和地域集中；高温过程出现早、极端性强，南方高温天气持续时间长；干旱呈区域性和阶段性特征，灾害损失偏轻；低温冷冻害和雪灾偏轻；强对流天气时空分布相对集中，损失偏轻；春季北方沙尘天气少，影响偏轻。

（一）暴雨洪涝灾害偏重，汛期雨区重叠度高

2020 年，全国共出现 37 次区域性暴雨天气过程，汛期雨区重叠度高。夏季全国平均降水量达 373 毫米，为 1961 年以来同期第二多，仅次于 1998 年；长江流域和黄河流域降水量均为 1961 年以来同期最多，淮河和太湖流域为历史同期次多。受强降雨影响，安徽、江西、湖南、湖北、四川、甘肃等地暴雨洪涝灾害较重，长江、淮河、太湖发生流域性洪水。特别是 6 月至 7 月，长江中下游接连出现 10 次强降雨过程，落区重叠度高，极端性显著，梅雨季长达 62 天，与 2015 年并列为 1961 年以来历史最长。8 月中旬，四川盆地西部强降雨增多增强，10 日至 17 日接连出现两次强降雨过程，累计降水量有 400～700 毫米，四川绵阳、德阳局部地区降水量超过 1 000 毫米。9 月 9 日至 10 月 18 日秋雨季，华西地区平均降水量达 189.2 毫米，较常年同期偏多 56.5%，为 1961 年以来第四多。

（二）台风生成和登陆数均偏少，影响时段和地域集中

2020 年，西北太平洋和南海共有 23 个台风（中心附近最大风力≥8 级）生成，较常年（25.5 个）偏少 2.5 个，其中 5 个登陆我国，较常年（7.2 个）偏少 2.2 个。全年台风共造成 8 人死亡（失踪），直接经济损失 309.4 亿元。与近 10 年平均值相比，2020 年台风造成死亡人数偏少，直接经济损失均偏低。7 月，西北太平洋和南海无台风生成，8 月 26 日至 9 月 8 日东北地区遭遇罕见台风三连击，均为 1949 年以来首次。北上台风给东北大部带来超过 100 毫米的降水，中东部超过 200 毫米，吉林梅河口达到 556.8 毫米。由于强降雨落区重复，重叠效应明显，致使黑龙江南部和吉林中部等地部分农田发生内涝和作物倒伏。

（三）高温过程出现早、极端性强，南方高温持续时间长

2020 年夏季，全国平均高温（日最高气温≥35℃）日数为 8 天，较常年同期偏多 1.1 天。5 月 1 日至 9 日，我国中东部出现 1961 年以来最早高温过程，较常年偏早 49 天；贵州、广西、海南有 30 个国家级气象观测站日最高气温达到或超过历史极值。6 月 2 日至 8 日，华北南部、陕西东部和南部、四川东部等地最高气温普遍有 35～38℃，其中山东西部、河北西南部、河南东北部等地有 38～40℃，局部地区超过 40℃。河南焦作（41.9℃）、河北磁县（41.8℃）、山东梁山（40.8℃）等 21 个国家级气象观测站日最高气温达到极端事件监测标准。7 月 11 日至 9 月 3 日，江南东南部、华南东部等地出现持续高温，持续时间为 1961 年以来历史第二长。福建南靖（40.7℃）、平和（40.5℃）、广东大埔（39.9℃）等 30 个国家级气象观测站日最高气温破历史极值。

（四）干旱呈区域性和阶段性特征，灾害损失偏轻

2020 年，我国旱情比常年偏轻，但区域性和阶段性特征明显。3 月至 4 月上旬，西北地区东部、华北西部、黄淮西部、江淮大部以及内蒙古等地降水量较常年同期偏少 20%～50%，加上同期气温偏高，长江以北多地出现阶段性干旱。6 月中旬至 7 月中旬，东北南部、华南南部及内蒙古东北部等地降水量较常年同期偏少 50%～80%，气象干旱露头并发展，7 月下旬至 8 月中旬仍维持中度以上气象干旱。受高温干旱影响，东北地区春玉米、花生，华南部分地区晚稻、橡胶等作物生长发育和产量受到一定影响，广西部分地区水库水位降低，当地人员饮用水困难。12 月上中旬，华南、江南东南部、云南中南部等地干旱持续或发展，给浙闽粤赣等地部分地区农业生产、水库蓄水等带来不利影响。

（五）低温冷冻害和雪灾偏轻

2020 年，低温冷冻害和雪灾共造成农业受灾面积 105.2 万公顷，直接经济损失 154.1 亿元，均少于 2010 年至 2019 年平均值，属低冷冻害和雪灾偏轻年份。2 月 14 日至 17 日，寒潮过程影响我国，大部地区降温 8～14℃，局部地区降温 14℃以上。4 月 19 日至 22 日，内蒙古东北部和黑龙江西部出现大到暴雪，局部地区出现大暴雪，同时伴随大风降温过程。11 月 17 日至 23 日，东北地区出现强雨雪天气过程，最大降温幅度超过 8℃，局部地区降温超过 14℃。12 月 12 日至 14 日和 28 日至 31 日，先后有两次冷空气过程影响我国，中东部大部分地区最大降温幅度在 8℃以上，其中华北西部、黄淮东部、江南南部以及陕西大部、广东大部、广西南部等地降温达 12～14℃，局部地区降温超过 14℃。寒潮天气过程对油菜、露地果蔬等

作物生长以及设施农业生产带来不利影响。

（六）强对流天气过程多，北方风雹灾害突出，损失偏轻

2020年，我国强对流天气发生时间早、频次高、局地极端性强。首次大范围强对流过程发生时间较常年偏早近1个月；3月至9月中旬，全国共发生区域性强对流天气过程56次，明显多于近5年同期平均值。北方强对流天气集中发生在5月至6月，以大风、冰雹等灾害为主；南方强对流天气主要发生在7月至8月，以短时强降雨、雷暴等灾害为主。山东等地5月风雹过程次数、范围、强度为近10年之最。据相关部门统计，全年强对流天气共造成276.5万公顷农作物受灾，87人死亡，直接经济损失282.3亿元，与近10年（2010年至2019年）平均值相比总体偏轻。

（七）春季北方沙尘天气少，影响偏轻

2020年春季，北方地区共出现7次沙尘天气过程，较常年同期（17次）偏少10次，其中沙尘暴和强沙尘暴天气过程共2次。北方地区平均沙尘日数为2.6天，比常年同期偏少2.4天。2020年首次沙尘暴天气过程发生时间为2月13日，较2000年至2019年平均（2月17日）偏早4天。3月8日至10日的强沙尘暴天气过程为年内最强，新疆南疆盆地和沿天山地区东部、青海北部、甘肃东部、内蒙古中西部、宁夏、陕西北部等地出现扬沙或浮尘天气，新疆南疆盆地部分地区出现沙尘暴，塔中、且末、铁干里克等地出现强沙尘暴。沙尘天气对设施农业、飞机航运造成影响，部分地区空气污染严重。

二、气象灾害应对

2020年，中国气象局坚持以习近平新时代中国特色社会主义思

想为指导，深入学习贯彻习近平总书记关于气象工作和防灾减灾救灾的重要指示精神，以及党中央、国务院决策部署，圆满完成了全年气象服务保障各项工作任务。

（一）面向国家重大需求，重点做好四项服务

第一，做好防汛救灾气象服务保障。2020年我国气候异常，汛期长江中下游等地梅雨期及梅雨量均为历史之最，长江、黄河流域降水量为1961年以来最多，半个月内3个台风接连影响东北地区历史罕见。气象部门坚持人民至上、生命至上，超前谋划、系统部署，全年累计启动应急响应16次，响应时间132.5天，协调指导各省（区、市）气象局启动应急响应288次。准确预测汛期气候趋势，准确预报历次强降雨和台风天气过程，累计发布预警短信37亿人次，与29个部门建立常态化联动机制。组织做好防汛救灾决策气象服务，为长江流域、淮河流域、太湖和巢湖流域防汛救灾以及东北连续3个台风防御工作提供有力支撑，确保大汛之年无大灾。

第二，做好新冠肺炎疫情防控气象服务保障。认真履行国务院疫情防控联防联控机制成员单位职责，利用国家预警信息发布系统发布疫情防控和科普宣传信息85万余条，送达约8.2亿人次。组织召开全国新冠肺炎疫情防控气象保障工作电视电话会议和13次疫情防控领导小组会议，印发新冠肺炎疫情防控气象保障工作方案和应急预案。及时组织湖北省气象部门为武汉火神山、雷神山应急医院建设和运行提供专项服务。

第三，做好粮食安全气象服务保障。强化全国春耕春播、夏收夏种、秋收秋播等关键农时和粮食主产区的气象服务。与农业农村部联合印发《关于进一步做好农业气象防灾减灾工作的通知》，精准服务9万余名农机手。组织做好农业气象灾害监测预报预警和病虫

害发生发展防治气象服务，粮食产量预报准确率达99.7%。联合农业农村部完成第二批特色农业气象中心认定。

第四，做好脱贫攻坚气象服务保障。扎实做好行业扶贫工作，实现贫困乡镇自动站和气象防灾减灾“六个一”标准化建设100%覆盖，设立观测和人工影响天气扶贫公岗1 282个，向国务院扶贫办报送太阳能光伏扶贫年景评估报告，27个贫困县被评为“中国天然氧吧”。多渠道多方式组织开展消费扶贫行动，利用中国天气网等气象服务平台加大贫困地区农产品宣传，帮助其拓展销售渠道。

（二）保障生命安全，大力推进气象防灾减灾能力建设

第一，开展气象灾害风险普查。成立气象灾害综合风险普查领导小组及办公室，制定并印发《全国气象灾害综合风险普查实施方案》《全国气象灾害综合风险普查技术规范》。组织开展全国灾害风险普查技术培训，培训3 000余人次。研发气象灾害风险普查信息管理系统，高质量完成北京房山、山东岚山普查试点大会战工作，形成可复制、可推广的模式。

第二，推进基层气象防灾减灾创新发展。组织浙江、江西、福建、辽宁等地结合当地实际开展气象防灾减灾第一道防线试点，在天津、广西等地组织开展基于5G等新技术的预警信息精准靶向发布试点工作，总结推广各地防灾减灾救灾气象服务保障成功经验和典型案例。完成全国1 128个县（区）气象防灾减灾标准化建设，实现基层气象防灾减灾标准化全国县（区）全覆盖。印发《关于进一步加强气象信息员队伍建设的指导意见》，促进气象信息员队伍融入式发展。联合应急管理部完善综合减灾示范社区评定管理办法并完成评定工作。

（三）保障生产发展，做好重点行业重大活动气象服务

第一，做好重点领域生产气象服务。与公安部联合印发通知，共同在江苏、广东开展公路交通预警应急处置试点工作，探索建立健全恶劣天气公路交通安全应急管控机制。推动远洋导航、中欧班列、长江航运等气象服务联盟建设，促进专业气象服务集约化、品牌化发展。积极开展川藏铁路设计和建设气象保障服务。组织国家预警信息发布中心与国家邮政局联合为全国150余万快递从业人员提供预警信息服务。印发《关于进一步做好安全生产气象保障服务的通知》，强化重点领域安全生产气象服务。

第二，持续推进冬奥会等重大活动气象服务保障。建立了跨部门、跨地区、跨军地的冬奥会气象保障协调机制。克服新冠肺炎疫情影响，圆满完成冬奥会测试赛模拟演练，完成春运、全国“两会”、全国高考、国产大飞机试飞、川藏铁路建设、珠峰高程测量等专项气象保障服务任务，受到相关部门的充分肯定。

（四）保障生活富裕，促进公众气象服务高质量发展

组织上海、深圳和公共服务中心开展智慧气象服务试点，推进气象服务融入数字城市，试点开展分时段、分区域、分要素的智能化天气语音问答服务。加强中国天气品牌建设，发布中国天气网百度智能小程序和服务于部分人群的“上下学天气”微信小程序，发布“感冒”地图等系列生活预警地图的公众气象服务产品42种。气象服务公众满意度达92.7分，再创新高。推动健康气象服务发展，组织气象部门实施《健康中国行动计划》。

（五）保障生态良好，积极做好生态保护和修复气象保障

组织召开黄河流域生态保护和高质量发展气象保障工作座谈会。

24个省份试点开展了气象灾害对生态质量的影响评估，14个省份积极为地方“三线一单”（生态保护红线、环境质量底线、资源利用上线和生态环境准入清单）的编制提供气象保障服务。青海、辽宁、黑龙江、贵州等省的气象部门联合相关部门开展了自然资源资产离任审计。印发《国家级森林火险气象服务业务规范（试行）》，发展基于可燃物特征的森林火险预报业务。持续加强人工影响天气工作，开展三江源、祁连山等生态功能区常态化作业。

（六）预警信息发布在防灾减灾、应急管理工作中效益显著

聚焦预警信息发布到村到户到人的更高要求，积极探索预警信息互联网传播新方式，充分发挥国家突发事件预警信息发布系统作用，面向应急责任人和社会公众发布自然灾害、事故灾难、公共卫生、社会安全四大类预警信息34万余条。预警信息向全国111.5万应急责任人发布，送达率为95.67%，基本实现应急责任人全覆盖，全国有19个部门通过国家预警发布系统发布预警信息。预警信息发布综合人口覆盖率达92.7%。预警信息发布准确率提升至99.99%，较2019年同期提高0.03%。各级预警中心准确、及时发布预警信息有效减轻了突发事件的影响和损失，全国应急责任人快速响应，紧急转移安置人员589.1万人次，有效减少了人员伤亡。

（中国气象局减灾司供稿）

2020年口岸应对突发公共卫生事件工作总结评估报告

2020年，海关总署以习近平新时代中国特色社会主义思想为指引，坚决贯彻习近平总书记关于口岸卫生检疫工作的一系列重要讲话和重要指示批示精神，认真落实党中央、国务院决策部署，在新冠肺炎疫情这场中华人民共和国成立以来，在我国发生的传播速度最快、感染范围最广、防控难度最大的一次重大突发公共卫生事件中，按照“坚定信心、同舟共济、科学防治、精准施策”的方针，遵守“预防为主、常备不懈、统一领导、分级负责”的工作原则，积极防范应对口岸突发公共卫生事件，为降低境外疫情输入风险发挥了重要作用。

一、及时响应，系统化开展口岸疫情防控部署

新冠肺炎疫情发生以来，海关总署坚决贯彻习近平总书记系列重要讲话和重要指示批示精神，把疫情防控作为首要政治任务和最重要工作来抓。一是迅速作出应急反应。2020年1月3日发出第一份防控文件，部署加强出境卫生检疫，1月4日即启动出境旅客发热排查“日报告”制度，随后，在全国海关全面实施“日报告、零报告”制度，第一时间启动出入境人员健康申报，制度化构建“三查三排一转运”检疫体系，对所有入境人员实施100%流行病学调查和全面核酸检测，严格落实“外防输入”各项措施，坚决筑牢口岸检疫防线，为全国抗疫斗争作出积极贡献。二是不断升级防控举措。针对全球新冠肺炎疫情形势发展，海关持续从严从紧做好入境

人员卫生检疫工作，严格实施100%两道测温、健康申明卡核验、流行病学调查、采样检测，100%信息通报和移交处置；对来自高风险国家飞机、船舶等交通工具，100%实施风险布控和指定地点登临检疫；对高风险的入境人员实施核酸加血清抗体“双保险”检测，尽最大力量在口岸初筛中发现“四类人员”，充分发挥海关“第一道关口”作用。严格冬春季“人物同防”，做好口岸环节进口冷链食品新冠病毒核酸监测及高风险非冷链集装箱货物检测和预防性消毒等工作，严防疫情通过货物输入。三是系统扎牢防控网络。密切关注境外疫情发展态势，深入挖掘有关部门共享的信息数据，运用大数据技术、风险管理理念，加强风险分析布控，对高风险人员实现入境前锁定、入境时快速精准识别。紧跟世界卫生组织技术指南和国家卫生健康委员会发布的最新防控、诊疗方案，按照从快、从高、从严标准，更新7版口岸防控技术方案、4版操作指南，制定海关总署应对“带疫解封”、常态化监测预警工作等指导方案。根据航空、水运、陆路不同类型口岸，结合各地实际情况，对各类运输工具和不同类型入境人员，实施差别化防控措施，建立应急处置和常态化防控相结合的工作机制，全力打造水、陆、空立体防控网络，堵塞漏洞、不留死角，把口岸疫情防控网扎得更密更牢。积极参与各级联防联控机制，严格对“四类人员”实施检测、转运、治疗、隔离、留观等全链条管理，构建多层次、立体化的防控体系，形成防控闭环。组织开展埃博拉、拉沙热、裂谷热等重大传染病专题风险评估42次、季度风险评估3次，并据此发布风险预警11次、警示通报23条、公告3个，防范疫情叠加风险。

二、全面出击，科学化筑牢全国口岸安全屏障

海关充分认识到这次疫情防控是对口岸突发公共卫生事件应急

处置能力水平的一次实战检验，坚持全国海关一盘棋，统筹各方面力量开展疫情防控，结合各地各口岸实际，采取有力有效举措应对疫情来袭。一是组织保障坚实有力。厦门海关建立“大办公”机制，构筑战时指挥体系；广州海关探索战时灵活排班模式，实行“固定盘+机动盘”的排班模式；天津、郑州海关建立疫情防控人才库，制定梯队调配预案，实施分层分类管理，形成“备战、轮战、助战”人员保障机制；贵阳海关协调地方政府资金调配，将消毒费用等纳入贵州省财政预算；拱北海关与澳门卫生局、香港卫生署构建“跨境联合防控”模式；南京海关构建“1+3+N”防控指挥体系，成立江苏省疫情防控指挥部现场指挥室。二是口岸防控稳步推进。深圳海关编写52份疫情防控作业指引，涵盖各类型口岸、交通工具、人员，实现精细化、标准化操作；太原海关通过“靠前行动”、“精准画像”和“现场布控”开展针对性境外疫情监测；天津、广州海关实施“一机一策”“一船一案”措施，严格开展未成年学生、外交人员包机等入境检疫，成功处置“歌诗达·赛琳娜号”和“世界梦号”邮轮公共卫生事件；哈尔滨海关紧盯陆路边境防控，高效处置绥芬河突发公共卫生事件，会同地方政府加强俄籍司乘人员入境闭环管控，精准布控拦截阳性司乘人员复入境；昆明海关实施“人货分离、分段运输、闭环管理”货运通关模式，强化陆路口岸防控。同时，各海关积极开展应急演练，针对不同流量与不同情形设定疫情防控具体措施和要求，应对秋冬季可能出现的疫情反弹。严格按照风险布控指令开展冷链食品监测，严格落实监测频次和作业要求。三是智能设备广泛应用。天津海关开发“健康申明卡应用辅助系统”和“远程流调系统”，开展“不接触式”流行病学调查，大幅度减少“红区”工作人员数量；郑州海关全面升级“在线检疫作业系统”，实现“三查三排一转运”全作业流程线上操作，全口径数据信息实时生成、在线流转，常态和应急兼容通用，专家、领导通过系统云端介入一线会商研判，有效把控工作质量风险；广州海关研发“疫情防控作业管理系统”，与广东“一码通”对接，实现信息共享和阳性个案追溯；深圳海关研发驾驶员智慧验放设备及健康申报自动验核放行设备，提高口岸检疫效率；南宁海关开发陆路运输工具卫生检疫监管平台，实现测温与智能卡口联动校验，确保司乘人员逢警必处；厦门海关开发“四合一”旅客快速医学排查设施及“E码通旅客快速通关系统”，通关时长从5～7分钟/人缩至90秒/人；上海海关研发“P2+移动式核酸检测方舱实验室”，提升口岸一线应急检测能力；南京海关研发“三不一完整”口岸卫生检疫管理系统，系统提高入境卫生检疫效率。此外，深圳海关开发“进口食品追溯预警系统”，收集进口冷链食品自进口到消费各环节追溯数据；天津海关创新消毒处理模式，研制“冷链隧道式全方位消杀装置”，提升冷链食品卫生处理效率。四是织牢织密安全屏障。各海关合理划分口岸旅检现场污染区、半污染区和清洁区，科学规划防护穿戴脱卸区域。加强工作人员安全防护管理，建立“三位一体”安全防护体系，健全“3+2”安全防护监督制度，建设三级专兼职安全防护监督员队伍，构建定期自查和督导检查相结合的风险排查机制。进一步规范保健中心业务流程，严格质量控制，加强人员培训与指导，统筹做好疫情防控和保健中心业务工作。加强实验室安全管理，严格样本保存处置，强化环境消毒，做好废弃物处理。广州海关自主设计研发口岸一体化生物安全方舱，达到生物安全二级以上实验室防护标准，可以在不同场景环境下快速部署，为疫情防控提供可靠的生物安全屏障；深圳海关探索智能脉冲紫外消毒机器人的现场应用，有效杀灭空气气溶胶中的各类微生物；哈尔滨、上海海关分别在机场、海港口岸设立战时安全防护方舱，对关员进行彻底洗消，对废弃物进行消毒处置，有效避免关员交叉感染。此外，各海关从严从细抓好内部防控，实施分区、分级、分类管控，对高风险岗位人员定期开展核酸检测，确保“零感染”。

三、固本强基，制度化打造口岸卫生应急体系

海关不断加强对疫情防控工作的统一领导、统一指挥、统一行动，在实战中不断发现问题、总结经验、完善机制、健全制度，探索形成一套符合实际、科学高效、成熟管用的应对重大疫情和公共卫生事件的应急处置体系。一是建立健全应急制度。以此次新冠肺炎疫情防控为契机，完善《口岸应对突发公共卫生事件处置预案》，指导全国海关结合实际完善口岸现场突发公共卫生事件应急处置预案，把预案准备的措施和演练形成的经验投入实战应用。以法治思维和法治方式优化疫情防控处置方式，出台《关于进一步加强国境卫生检疫工作　依法惩治妨害国境卫生检疫违法犯罪的意见》等疫情防控政策举措，印发了相关案件处罚幅度参照标准等加强执法指导，在法治轨道上统筹推进疫情防控。坚持问题导向，在工作中深入查找存在的问题和不足，认真研究解决，不断改进完善应急处置预案，提升应对重大疫情和处置突发公共卫生事件的能力，推进海关制度创新和治理能力建设，对打造先进的、在国际上最具竞争力的海关监管体制机制进行部署。二是完善公共卫生体系。主动将口岸公共卫生事业发展放在国家经济社会发展、海关整体工作大局下推进，以境外、口岸、境内 3 道防线为主线，建设面向全球的传染病疫情监测与预警系统、科学高效的口岸公共卫生防控系统、全球一流的国际旅行健康服务系统、反应迅速的口岸突发公共卫生事件应急处置系统和坚强有力的口岸公共卫生支撑系统，为口岸公共卫

生可持续发展做出指引。立足海关卫生检疫事业长远发展，积极参与《中华人民共和国传染病防治法》的修订工作，确保其与《中华人民共和国国境卫生检疫法》有效衔接。把增强早期监测预警能力作为健全公共卫生体系当务之急，探索建立智慧化预警多点触发机制，健全多渠道监测预警机制，提升制度创新和治理能力建设水平。三是提升队伍能力水平。不断做好人力资源配置，坚持“成建制、专业化”，建立“一线、预备、应急”疫情防控梯队，加强与地方沟通联动，顺畅地方政府医护人员、实验室检测人员支援渠道。组织全国海关开展口岸新冠肺炎疫情防控突发事件视频应急处置演练，共计 3 600 余人观摩；组织各级海关开展桌面推演和实操演练 235 场次，共计 5 026 人参加，不断提升口岸疫情防控和应急处置能力。四是提供应急物资保障。建立以各级海关纳入当地联防联控物资保障为主，各海关自行采购、系统内统筹调配和总署集中采购配送为辅的 4 条防控物资保障线。区分近中远不同阶段，完善海关系统突发事件应急物资保障机制和应急物资装备管理机制，坚持“边抗击疫情、边着手建设”原则，分 3 级设立应急物资装备储备库并建立经费预算保障机制，做到动态调整、采储结合、科学储备，实现有机结合、互为补充、形成网络，确保关键时刻拿得出、调得快、用得上。

四、下一步努力方向

在这次应对疫情中，海关既有的口岸公共卫生体系、应急管理体系、防控重大传染病机制发挥了重要作用，取得了阶段性战略成果，但也暴露出一些短板和不足，如口岸应急管理体制顶层设计亟待加强，应急管理体系建设亟待完善等。当前，我国口岸疫情防控工作仍任重道远，应急管理工作仍十分繁重。下一步，海关将坚决贯彻落实习近平总书记关于疫情防控的系列重要讲话和重要指示批示精神，确保党中央、国务院各项决策部署落实到位，用实际行动践行“两个维护”。坚持系统观念，统筹发展和安全两件大事，科学谋划“十四五”发展规划，大力完善“三道防线”，体系化提升口岸公共卫生治理效能。完善口岸公共卫生应急体系，健全完善海关总署、直属海关、隶属海关3级口岸突发公共卫生事件应急处置架构，着力提升重大疫情应对能力。打造专门卫生应急队伍，固化新冠肺炎疫情防控的专家组检查指导模式，建立口岸卫生应急指导专家团队，覆盖形势研判、流行病学调查、实验室检测等专业领域，建立常态化卫生检疫应急处置队伍，制定考核机制，强化知识储备和培训演练，全方位、多角度保障口岸公共卫生安全，筑牢口岸检疫防线。

（中华人民共和国海关总署供稿）

2020年电力应急管理总结报告

《中共中央关于制定国民经济和社会发展第十四个五年规划和二〇三五年远景目标的建议》中明确提出要维护水利、电力、供水等重要基础设施安全，充分体现了党中央对电力安全保障和应急管理工作的高度重视。2020年，电力行业进一步学习贯彻习近平总书记对应急管理工作的重要论述，落实党中央、国务院的决策部署，推动我国电力应急管理体系建设，电力应急管理工作取得了显著成效。

一、电力应急工作的主要成果

电力应急是电力安全可靠供应的重要保障。2020年电力应急工作的主要成果集中体现在以下四个方面。

（一）组织管理体系进一步健全

“国家指导协调、地方政府属地指挥、企业具体负责”的电力应急管理体制不断完善，电力应急管理属地化正加速推进，为电力应急管理工作的深入发展奠定了坚实基础。2020年，国家能源局出台《电力企业应急能力建设评估管理办法》等一系列文件，进一步强化电力企业应急能力建设监督管理，夯实应急综合保障基础。持续完善电力应急预案管理体系，全行业完成5 000多家次企业应急预案的编制、评审、备案，有力提升了预案管理的规范性和标准化。

（二）协调联动机制逐步完善

电力行业建立了覆盖“应急准备、监测与预警、应急处置与救援、事后恢复与重建”全过程的应急工作机制，电力企业积极参与社会重特大突发事件应急救援，加强协调联动，确保突发事件快速有效应对。电力系统本身具有跨地域界限联网运行、调配资源的物理特性，电力企业在管理组织架构中也存在跨省跨地域管理的情况。在打破地域界限、整合各方资源、协同应对风险挑战上，电力行业不断探索，持续优化。2020 年，国家能源局指导华东区域电力安委会主办了全国装机规模最大的区域电网（华东电网）开展大面积停电应急联合演练，演练由国家能源局华东监管局、国家电网有限公司华东分部具体承办，华东区域各能源监管机构、四省一市电力企业等单位共同演练。演练设华东区域电力安委会应急中心主会场和国家电网有限公司华东分部、四省一市电力公司应急指挥中心等 6 个分会场，并设安徽±1 100 千伏吉泉直流线路抢修和上海进博会 110 千伏诸光站保电 2 个现场实战演练点。通过跨省跨地域演练，有力顺畅各单位指挥协调关系，改进指挥协调手段，推动在大灾大难面前形成区域预警、处置和支援“一盘棋”，有力有序协同应对局面。

（三）预案演练覆盖率不断提高

国家能源局及其派出机构、全国各级电力管理部门、电力企业协同推进，大面积停电事件预案演练覆盖率逐年提高，实现了从省级向市、县级的有序快速延伸，大面积停电事件防范应对能力显著增强。截至 2020 年底，全国 31 个省级政府和新疆生产建设兵团均已完成大面积停电事件应急预案修订编制工作，完成率达 100%，地市级政府预案修订编制完成率超过 70%；并多次组织开展大面积停电应急演练，检验了以城市为核心的大面积停电应急保障能力，有力提升了各地的电力应急管理能力。

（四）应急保障能力明显增强

电力行业已建成多支专业队伍、兼职队伍、专家队伍，基本可满足电力抢险救援工作需要；电力企业应急基地为开展应急救援实训、演练等提供了有力支撑。2020年，国家能源局依托国家电网有限公司（四川）、中国南方电网有限责任公司（广东）组建了2个国家级电力培训演练基地，依托中国安能集团组建国家电力应急救援队伍，并建立了国家电力应急专家库。

二、电力应急各项能力不断增强

（一）应急准备能力

1. 应急指挥平台方面

电网企业在总部、各省公司应急平台建成投运的基础上，积极推进地市、县级单位应急指挥中心建设，逐步实现了总部、省、市、县四级应急指挥中心互联互通；各主要发电企业依托生产调度系统，逐步完善电力应急指挥功能。

2. 应急管理信息系统方面

主要电力企业依靠自身的电力调度系统或生产管理系统，分别建立了本企业的应急信息管理系统，基本实现了应急组织、应急资源、应急培训和演练等日常工作的辅助管理。

3. 应急物资方面

各电力企业按照统筹规划、分级负责，结合实际、突出重点，形式多样、节约实效的原则，建立健全了应急物资储备管理体系，结合协议储备、动态周转等多种储备方式，基本实现了应急物资的合理储备和快速供应。

（二）监测与预警能力

各电力企业着力从自然灾害监测预警、人身伤亡安全预控、水电站大坝安全监测等方面全方位加强监测与预警能力。

1. 自然灾害监测预警方面

一是加强重要电力设施自然灾害监测预警平台建设，结合雷电定位、视频网络、地理信息 GIS 等技术，强化气象、水文、火灾等灾害预警。电网企业进一步优化覆冰、山火、雷电、台风和地质灾害等监测中心功能，集成自然灾害监测预警平台，加强对电网运行环境和设备的监测分析。二是地方电力主管部门、电力企业与气象部门协同联动更加紧密，通过购买气象服务或建立合作关系，遇有灾害天气获取预警信息的速度提高，准确度提升。

2. 人身伤亡风险预控方面

各电力企业通过完善安全生产风险分级管控和隐患排查治理双重预防机制，利用信息化技术与管理手段，加强可能发生人身伤亡事故风险评估和现场管控。如国家能源集团建成安全风险管控数据中心，通过自主研发智能安全帽、人员身份识别、精确定位、工作票以及各种逻辑关系相互组合，自动辨识安全隐患和违章行为，及时预警、及时纠正违章行为，推进“人、机、环、管”各要素在生产活动全过程中优化匹配。

3. 水电站大坝安全监测方面

各水电企业积极探索开发更加智慧、更加精准的大坝安全在线监测系统。如大渡河流域地处青藏高原和四川盆地过渡地带，干流全长 1 062 千米，集中落差高达 4 175 米，年发电量约占全国水电的

10%，是最重要的水电基地之一。大渡河梯级电站群安全管控面临坝高、库大、库多、多库联调且流域洪峰流量大、地震烈度高、库岸地质灾害分布广等世界级难题，特别是汶川大地震后，问题更为突出。国家能源集团历经10余年攻关，构建了流域级云计算、大数据和梯级电站群综合智能管控平台，开发成功多因子全要素定量化风险动态评估模型，研发高精度监测技术，建立包括抗震安全在内的安全风险分级预警体系，大幅度提升了大渡河震后地质灾害易发多发条件下的流域安全智能感知、预警和管控能力。

（三）应急处置和救援能力

全行业坚持“统一指挥、属地为主”的应急处置工作原则，通过应急实战演练检验应急处置、救援能力，通过应急能力评估发现能力建设中的隐形问题，持续改进提升处置和救援能力。在处置突发事件后，通过开展应急处置工作总结评估，发现应急处置和救援实际能力的短板弱项，并通过整改不断提升应急处置和救援专业水准。

坚持专精结合、平战结合，依托电力企业加强应急队伍建设，开展应急技能培训，在完成日常安全生产工作的同时，承担应急抢险、现场救援处置等任务。其中，电网企业初步建成由电网抢修队伍、应急救援基干分队、应急专家队伍等组成的应急队伍体系，组建了省、地市两级专业化应急抢修队伍，目前可快速出动的应急队员近20万人。大型发电集团应急抢修、抢险、救援等人员力量普遍在2万人以上。

三、电力应急处突成绩显著

2020年电力行业面对的风险和挑战显著增多。

（一）对外抢险救灾方面

电力行业发扬“讲政治、顾大局”的优良传统，积极投身新冠肺炎疫情防控工作，坚持常态化精准防控和局部应急处置有机结合，一方面毫不松懈抓好行业疫情防控措施；另一方面主动对接政府部门，确保定点医院、集中隔离点、入境留观集中场所等重要客户可靠供电。

在疫情防控“武汉保卫战”中，电力行业将疫情防控和供电保障作为首要政治任务和头等大事，组织应急建设队伍，保障火神山医院、雷神山医院、方舱医院等重点建设工程高压电缆敷设、箱式变压器安装、计量装置安装等工作，实现全部电力设施在最短时间内通电。如在火神山医院建设中，电力企业 24 小时连续奋战，短短 3 天时间完成了通电工作，共安装环网柜 10 台，架设箱式变压器 26 台，敷设电缆 7 000 米，以实际行动彰显了“电力速度”。供电企业组建战区联合作战指挥机构，开通 7×24 小时供电保障“直通车”，逐户梳理重要保障区域供电情况和用电需求，实施“一线一案”“一户一策”策略，建立服务保障团队与对口联系机制，全力为 110 家定点医院和医疗机构、120 家隔离点、27 家疫情防控用品生产企业及 55 家市政保障单位用电保驾护航，确保全市电网运行稳定可靠，广大电力企业不讲条件、不计代价做好疫情期间湖北武汉的供电、供热工作，全力抓好疫情防控期间能源运行工作。同时，各级能源行政管理机构特别是国家能源局派出机构积极配合属地单位工作，组织人员下沉基层，助力开展社区疫情防控管理。面对疫情，电力行业坚定不退，下上一心，努力拼搏，积极奉献，为坚决打赢疫情防控阻击战提供了坚强可靠的保障。

（二）应对自然灾害方面

针对 2020 年极其严峻的自然灾害形势，国家能源局带领电力行业认真落实习近平总书记关于全力做好洪涝地质灾害防御和应急抢险救援的重要指示精神，把人民群众生命财产安全作为电力行业防汛救灾工作的出发点和落脚点，全行业加强设备运维、全力抢险救灾、严格值班值守，共同应对了17轮大范围强降雨、“黑格比”“米克拉”等7次台风、3起泥三流、3起滑坡塌方、2起强对流天气等自然灾害侵袭，及时抢修恢复了18个省份的13 000条线路，保障了300多万用户的供电，指导了94座水电站大坝超汛限水位1米以上运行，参加了应急管理部牵头的湖北恩施堰塞体部际联合工作组，赴滑坡体现场指导华能大龙潭水电站的应急工作，妥善应对溃堰洪峰影响。整体防汛工作响应及时、措施有力，电力企业没有发生溃堤垮坝事件，最大限度减轻了洪涝灾害损失。

四、典型事例

2020年，浙江省进入梅雨季节以来，新安江水库遭受8轮强降雨袭击，总降水量是多年均值的2.95倍，入库水量近100亿立方米，水库水位创历史新高。其中，7月初最大入库流量接近历史极值，超过20年一遇水平。7月7日开始，先后开启3孔泄洪、5孔泄洪、7孔泄洪，于8日上午开启9孔泄洪，半小时流量和西湖的储水量相当。从7月7日至14日，圆满完成了建库61年来首次9孔全开泄洪任务，最大限度地保证了上下游人民生命财产安全，充分发挥了大型水利工程在防灾减灾中的重要作用。泄洪期间，新安江电站增加了大坝安全监测及水工建筑物巡检频次，严密监视坝体渗流、排水系统、溢流面导流墙等薄弱环节，加强发供电设备运行状态监测。国家能源局浙江监管办公室根据汛情及时印发《关于进一步做好钱塘江流域电力企业防汛应急工作的紧急通知》，向钱塘江流域电力企业发出预警信息，与新安江电站保持实时联系，每日三次报送汛情信息；国家能源局大坝安全监察中心加强坝体监测；企业加强巡视检查，做好应急抢险准备，顺利完成应急泄洪任务，有力确保了泄洪期间新安江水库大坝安全和下游流域发供电安全。

（国家能源局供稿）

2020年中国红十字会开展应急救援救助相关工作总结评估报告

2020年，中国红十字会深入学习贯彻习近平总书记系列重要讲话精神和关于红十字事业重要指示精神，认真落实党中央、国务院关于防灾减灾救灾工作决策部署，严格履行《中华人民共和国红十字会法》赋予的备灾救灾职责，广泛动员人道力量，积极参与突发公共卫生事件、自然灾害等应急处置工作，在新冠肺炎疫情防控、防灾减灾救灾等工作中发挥了积极作用。

一、全力以赴参与做好疫情防控工作

在中央应对疫情工作领导小组和国务院联防联控机制统一领导下，中国红十字会认真履行作为国务院联防联控机制医疗物资保障组、宣传组、外事组成员单位的职责，建立应急工作机制，统筹协调资源和力量，制定印发应对新冠肺炎疫情工作方案、做好疫情防控捐赠款物使用管理等16个相关文件，及时指导地方红十字会在当地疫情防控指挥部统一指挥下，扎实做好有关工作。

（一）集中资源和力量驰援抗疫一线，为打赢疫情防控阻击战提供有力支持

一是迅速派出工作组赴武汉指导工作。在中央指导组及湖北省和武汉市疫情防控指挥部统一指挥下，红十字会工作组指导帮助湖北省红十字会和武汉市红十字会认真做好参与疫情防控工作，发挥了抗疫前线指挥部重要作用。二是调集力量全力驰援武汉等湖北城

市。从全系统抽调精干力量组成工作队，协助湖北省和武汉市红十字会做好捐赠款物接收使用工作；选派人员组建红十字重症患者救护转运队，累计转运患者1万多人次，赢得“生命摆渡人”的赞誉。三是紧急采购急需医疗物资。红十字会与工信部等建立医疗物资协调调配联动机制，紧急采购了价值2亿多元一线急需的负压救护车、呼吸机、监护仪、人工心肺机等医疗设备，帮助缓解湖北省和武汉市救治设备紧缺问题。四是推动康复者恢复期血浆捐献工作。与国家卫生健康委员会、中央军事委员会后勤保障部卫生局联合发出《捐献恢复期血浆的倡议书》，鼓励更多新冠肺炎康复者捐献恢复期血浆，挽救重症患者生命。

（二）积极开展抗疫人道救助，为受疫情影响的医务人员和困难群众送去关爱

一是实施关爱抗疫一线医务人员项目。致敬所有医务工作者为抗击疫情作出的巨大努力，为不幸感染的医务人员、殉职医务人员家庭以及抗疫一线4万多名医务工作者提供人道救助慰问金5亿多元。二是组织开展困难群众人道救助工作。对受疫情影响的湖北省特困人员、残疾人、患癌贫困妇女等开展人道救助慰问。发起关爱母婴健康公益活动，通过互联网捐赠平台向受疫情影响地区发放价值2亿元的奶粉。三是组织开展心理援助服务。红十字会组织全系统力量开展心理援助行动，为湖北新冠肺炎罹难者亲属、已治愈出院患者和社区群众提供心理援助服务。湖北省红十字会积极搭建疫情心理援助平台，为社区居民和一线医务人员提供心理咨询3万余人次。

（三）组织开展红十字志愿服务，积极参与疫情社区联防联控、群防群控

指导各级红十字会动员39万余名志愿者参与疫情防控，服务时

长7 100多万小时。一是广泛宣传疫情科学防控知识。各地红十字会依托红十字服务站、红十字救护站等基层阵地，向社区居民开展疫情防控知识等宣传。二是协助开展健康监测和入户排查。各地红十字会组织志愿者，配合有关部门对居民院落、小区、驻区单位进行细致摸排，协助做好人员体温测量、流调登记等工作。三是组织开展防疫消杀工作。组成中国红十字基金会防疫消杀志愿服务队，对武汉、黄冈等地部分医疗机构、方舱医院等进行防疫消杀，累计消杀面积达460万平方米，运送消杀物资2 000余吨。

（四）开展国际抗疫交流合作，发挥国际性人道组织独特作用

一是积极宣介中国抗疫成效。加强与红十字国际组织及相关国家红十字会的沟通，介绍中国抗疫经验和实际成效。二是提供紧急防疫物资援助。向巴基斯坦、阿富汗、埃塞俄比亚等40多个国家的红十字会紧急提供价值1亿多元人民币的防疫物资和设备，这是中国红十字会开展国际人道援助规模最大、覆盖面最广的一次。三是最早向境外派出志愿医疗专家团队。应伊朗、伊拉克、意大利国家红十字会请求，派出志愿医疗专家团队协助做好疫情防控工作，同时配合我使领馆做好中资机构工作人员、华人华侨和留学生抗疫防护工作，增强其防护能力，得到好评和赞誉。

二、认真做好防灾减灾救灾相关工作

（一）继续加大工作力度，切实提升备灾救灾能力

一是加强红十字救援队建设。新组建成立5支国家级红十字救护转运队，进一步提升红十字应急救援能力，形成了以社会志愿力量为主，涵盖赈济、医疗、供水、大众卫生、心理、搜救、水上救

生、救护转运八大类的红十字应急救援队伍体系。目前，全国共建成各类红十字救援队 600 余支，能够为受灾群众提供基本生活、大众卫生、医疗诊治、心理疏导、救护转运等多方面服务。举办红十字救援队区域演练、骨干队员培训 8 期，完成《救援队工作手册》修订和《救援队装备通用标准》编制工作，推进红十字救援队标准化、规范化、科学化建设。二是做好救灾物资准备。修订《中国红十字会救灾物资通用标准》，优化救灾物资种类，及时完成帐篷、折叠床、被服、赈济家庭包等备灾物资的年度采购、调拨、储备等工作。持续开展全国 703 个县级以上红十字备灾救灾中心（物资库）等级评定工作，切实提升各级红十字物资储备库标准化管理水平。三是加快推进信息化建设。围绕救援队管理、物资管理、救援响应、指挥调度等救灾工作关键环节，优化中国红十字会灾害管理系统、应急指挥调度平台，实现了全国红十字系统灾情和需求上报、应急响应在线处理，对关键重点区域完成了实时视讯指挥平台搭建，在 2020 年防汛救灾工作中发挥了重要作用。

（二）积极应对洪涝、台风等自然灾害，及时救援救助受灾群众

一是认真贯彻落实习近平总书记关于防汛救灾重要指示精神，及时研究部署红十字救灾工作。红十字会召开视频会议，下发专门通知，就做好 2020 年度自然灾害救助和汛期救援救灾工作提出具体要求；由会领导率工作组赴安徽、江西、湖北救灾一线，慰问受灾群众，对受灾地红十字会救灾工作予以指导。二是及时启动自然灾害应急预案。针对年内发生的洪涝、台风等自然灾害，红十字会和各相关省级红十字会共启动救灾应急响应 138 次，向受灾地区调拨救灾物资、拨付救灾资金共计 1.8 亿元。在防汛救灾期间，全国红

十字系统共派出水上救生、搜救、赈济、医疗、心理等红十字救援队 450 队次，救援队员和志愿者主动参与人员搜救、受困人员转移安置、救灾物资发放、临时安置点建设、心理疏导与支持等救援任务，为配合做好防汛救灾工作贡献了人道力量。三是落实应急救援队实战报告考核机制。各级红十字救援队按要求报告出队及任务完成情况，红十字会对相关数据进行认真统计分析并及时在全系统通报，调动了各地的积极性，形成了比、学、赶、帮的良好氛围，促进了红十字救援队能力和水平的提升。

（三）认真做好知识普及和基础设施建设，不断提升基层防灾减灾能力

指导各地红十字会利用“全国防灾减灾日”“国际减灾日”“世界急救日”等时间节点，推动防灾减灾、应急救护宣传进企业、进农村、进社区、进学校、进家庭，面向群众广泛开展知识科普与应急演练活动，不断提升全社会防灾减灾意识和应急避险技能。通过开展“学校+社区”安全健康教育活动，培训志愿者近 2 万人，通过家庭亲子讲座、应急演练、知识宣传、场景体验等活动，对近 6 万名群众进行了防灾减灾科普教育，提高群众防灾避险、自救互救能力和水平。支持地方红十字会实施并完善“博爱家园”等社区防灾减灾项目，累计实施农村“博爱家园”项目 685 个、建成应急救护培训基地 150 余个、培训救护员1 400 多万人次，根据实际需求为项目社区修建了逃生路、避难广场、防洪堤坝等减灾设施。密切联系交通运输部、国家卫生健康委员会，联合推进面向交通运输领域一线人员开展应急救护知识技能培训、成立救护志愿队伍，在地铁等交通站点布设自动体外除颤器（AED），提升人员密集场所的应急处置能力，保护群众生命安全。

立足新的历史发展阶段，中国红十字会坚持以习近平新时代中国特色社会主义思想为指导，牢固树立以人民为中心的发展理念，切实发挥红十字会作为党和政府在人道领域的助手与联系群众的桥梁纽带作用。进一步强化红十字应急救援体系建设，提升救灾救援、物资保障和调度指挥的专业化、信息化、规范化水平，积极参与突发事件应急救援工作。以提质增效、扩大覆盖为导向，依托红十字基层阵地，打造群众身边的防灾减灾知识普及和应急避险技能培训平台，增强群众防灾减灾意识和自救互救能力，为更好地保障人民群众生命安全和健康贡献新的力量。

（中国红十字会供稿）

第三部分

应急管理工作创新与实践

强化“上游意识” 担起“上游责任”
坚决筑牢长江上游和三峡库区环境安全屏障

——重庆市创新开展环境应急管理工作

重庆市深学笃用习近平生态文明思想，深入贯彻习近平总书记关于安全生产系列重要论述精神，全面落实习近平总书记对重庆作出的“建设长江上游重要生态屏障”“使重庆成为山清水秀美丽之地”的重要指示精神，坚持总体国家安全观，坚持统筹发展和安全，紧扣保障长江上游和三峡库区环境安全这条主线，把环境应急管理放在打好防范化解重大风险攻坚战、打好污染防治攻坚战的大局工作中整体谋划、一体推进，坚决筑牢长江上游和三峡库区环境安全屏障。

一、创新情况

近年来，重庆市立足区位特点和环境安全新形势、新任务、新要求，坚持以全局视野、系统观念、多元手段推进环境应急管理集成创新，创新构建起一套运行顺畅、管用有效的环境应急工作体系，全面增强了环境应急的主动性、针对性和实效性，切实提高了防范控制、应对处置突发环境事件的能力和水平，有力维护了市域内不发生重特大突发环境事件的安全稳定局面。

（一）工作体系实现“四个打通”

打通了党委、政府、人大、政协齐抓共推环境安全的聚焦点，打通了企业主体、属地政府、行业部门分层落实环境安全责任的全链条，打通了生态环境部门和其他负有生态环境保护职能部门协同监管的责任阀，打通了上下游、毗邻地区联防联控的“起搏器”。

（二）工作内容实现“四个转变”

环境应急管理由末端为主转变为前端、中端、末端共同发力，风险隐患由以防为主转变为防治结合，指挥调度由重点聚焦突发事件转变为贯穿应急管理工作全过程和各方面，应急处置由单打独斗转变为多区域、宽领域协同作战。

（三）工作效能实现“四个提升”

提升了环境风险隐患整治量，近两年整治重点风险隐患 1 798 个。提升了环境应急全过程信息化深度，“重庆市环境风险应急指挥系统”实现多功能、平台化运用。提升了环境应急准备水平，编制备案突发环境事件应急预案 7 027 个、“一源一事一案”2.42 万个。提升了环境应急兜底效果，出现突发事件能够快速响应处置，连续 14 年未发生重特大突发环境事件。

二、创新内容

（一）高效形成环境应急组织体系

第一，高站位统筹环境安全。市委、市政府坚持从政治高度统筹发展和安全，协同强化环境安全等各领域安全工作，着力推进高质量发展和高水平安全协同。市委常委会会议、市政府常务会议、市安全生产工作会议、市防范化解重大风险工作会议等对环境安全领域工作同部署、同推进、同落实。市委书记、市长多次对环境安全有关工作作出指示批示，并深入长江、嘉陵江、乌江沿线调研督导，特别对源头防治环境风险隐患作出创新性安排，围绕确保“水环境安全”这项重要工作，共同签发重庆市第一号、第二号总河长令，连续部署开展整治污水偷排、直排、乱排专项行动。市人大常委会将环境安全工作作为听取生态环境保护工作情况、开展执法检查、监督调研的重要内容。市政协发动全市政协委员开展整治污水偷排、直排、乱排专项行动明查暗访监督性调研活动，共同推动整治污水排放隐患问题。市“四大班子”一体行动，为全市各级各部门共同强化环境安全形成了示范引领和根本保障。

第二，高水平强化责任链条。一是强化法制引领。修订《重庆市环境保护条例》，增加“环境风险防范和应急处置”专章共 8 条，用法规明确市、区、县（自治县）人民政府、行业主管部门、环境风险企业环境应急法定职责。二是强化预案管控。印发《重庆市突发环境事件应急预案》《长江三峡库区重庆流域突发水环境污染事件应急预案》等，明确突发环境事件预防、响应、处置等方面工作责任。三是强化制度规范。修订印发《市级有关部门生态环境保护责任清单》，对市级部门环境应急工作职责进行细化明确。将“发生重、特大突发环境事件”作为重要指标纳入每年区（县）经济社会发展考核内容，不断压实环境安全“党政同责、一岗双责”的责任。出台《重庆市环境风险隐患排查办法（试行）》《推进突发事件风险管理工作实施方案》等，逐级细化明确“属地管理、行业主管、分级监管”职责。

第三，高标准形成工作架构。一是环境风险防控架构规格高，成立由市政府分管生态环境工作的副市长任组长的市防范化解生态环境领域重大风险攻坚战专项工作协调小组，印发任务清单、措施清单、责任清单，由市生态环境局统筹其他 10 个强相关市级部门和各区、县，落实包案、攻坚防范化解生态环境领域风险责任。二是突发环境应急处置指挥架构规格高，在《重庆市突发环境事件应急预案》中明确实行市指挥部及指挥长负责制，指挥部下设综合协调、抢险救援、应急监测、医疗救护、应急保障、舆论引导、社会稳定、善后工作、事件调查等工作组，生态环境、公安、消防、应急、交通（港航）、海事、城市管理、卫生健康、水利等部门各司其职。三是环境应急管理专业团队支撑规格高，市生态环境局聘任高校、研究机构、各领域各行业拔尖人才76名，充实到重庆市生态环境执法与环境应急专家库中，出台专家管理办法，在应急管理政策制定、环境风险隐患防治、突发环境事件应对处置等方面让专家充分参与。

（二）高效形成环境风险隐患防治体系

第一，全覆盖排查。一是风险点源排查“全覆盖”。对长江、嘉陵江和乌江干、支流沿线，易发生地质灾害区域内的化工园区，危险化学品、重金属、油库及输油管线、冷链加工储存、污水垃圾处理、畜禽养殖等重点风险企业，饮用水水源地保护区及其连接水域的突发环境事件风险隐患等，组织进行全覆盖、拉网式排查。二是时间轴线排查“全覆盖”。紧扣年初、年中、年末重要时段和全国“两会”、春节、汛期等敏感节点，分时段、按节点制定专项工作方案，做到全年、全过程排查风险隐患。三是重点区域排查“全覆盖”。常态化巡查化工园区装置级、企业级、园区级、流域级突发环境事件风险防控体系，以及水生生物毒性监控预警体系、有毒有害气体预警体系运行情况，确保设施正常运行。四是围绕防范交通事故引发环境事件风险，生态环境部门与交通运输部门联合开展高速公路服务区、高速公路沿线饮用水水源地保护区环境风险隐患专项排查，并试点开展高速公路服务区突发环境事件风险评估和预案编制。

第二，多层级整改。一是企业主体“直接改”。组织环境风险企业深入开展环境安全风险隐患自查自纠，通过企业内部班组每日排查、部门每周排查、厂长每月排查机制，确保风险隐患及时发现、及时报告、及时治理。2019 年以来企业针对性建设水、大气环境风险防治设施 12 994 套。二是区（县）守土“统筹改”。区（县）生态环境部门具体牵头，建立动态防治、边防边治、“回头看”工作体系，全方位指导企业落实防治措施，2019 年以来统筹整改隐患 1 798 个。三是市级部门“督导改”。围绕饮用水水源地保护、有毒有害气体防护、危险废物环境管理、沿江化工园区及企业风险防控、污染地块整治、核与辐射安全、沿江油库 7 个重点风险领域，由市生态环境部门主导，正向业务管理单元分头督导落实防控整治措施，执法监管单元常态化开展明查暗访和专项督导，逐一逐项向区（县）、企业移交风险隐患问题，拉条挂账督导整治。

第三，制度化管控。建立并深化环境风险隐患研判、入库、调度、出库 4 项机制。一是每周研判机制。市生态环境局每周通过群众来电、来信、来访，其他市级部门通报等渠道，梳理研判环境风险。二是及时入库机制。市生态环境局会同市级行业主管部门、涉及区（县）精准评估风险点，依据《全市风险出入库标准（原则）和风险评估标准》完成入库程序。三是梯次调度机制。实行双周、月、季、年调度管控，双周突出重点风险隐患专项调度，每月突出环境应急管理专班调度，每季度突出生态环境部门全面调度，每年突出全面工作综合调度。四是定期出库机制。在区（县）申报的基础上，市生态环境局及时组织开展现场核查，确保风险真化解、隐患真治理。

（三）高效形成环境应急保障体系

第一，应急能力标准化。投入 2.8 亿元推进市、区（县）两级环境应急能力标准化建设，市级环境应急能力达到省级一级标准；26个区（县）达到地市级三级以上标准，14个区（县）达到县级三级以上标准。布局1个市级物资库、7个区域级物资库、34个区（县）级物资库，分门别类强化应急物资建设，实现整体布局、区域辐射、点上支撑的应急物资保障格局，并建成运行“应急物资设备管理系统”。

第二，应急系统信息化。市生态环境局牵头开发建成风险管理、应急值守、监控预警、指挥调度、应急处置等功能集成，多方面、多维度数据交互，内网、外网互通的“重庆市环境风险应急指挥系统”，并延伸布设至区（县）、园区、企业，实现全市一个系统、一体运用。同时，配套开发App，实现应急管理进展便捷录入、动态实时掌控。

第三，应急指挥可视化。建成“市生态环境局—区（县）生态环境部门—应急指挥车—现场单兵”4级可视化指挥调度平台，并实现与“国务院应急办—市政府应急办/生态环境部应急中心”可视化指挥调度平台单向、多向连通。在环境应急管理调度工作中，既可以点对点、也可以全覆盖对区（县）、风险企业实现视频调度。在处置突发环境事件时，能够第一时间获悉现场调查、处置相关情况，为应急处置决策形成有力支撑。

（四）高效形成环境应急联动体系

第一，省际协同。成渝经济圈“先行先试”，四川省政府和重庆市政府签订《长江三峡库区流域跨省界水质预警及应急联动川渝合作协议》，建立“跨省流域上下游突发水污染事件联防联控机制”。2020年，组织川渝28个毗邻县（区）（重庆12个、四川16个）联合开展跨省界断面上下游地区企业环境风险隐患排查专项行动。开展川渝联合处置突发环境事件联合演练，联合响应4起突发事件。

毗邻地区“全面跟进”。先后与陕、鄂、湘、黔等毗邻省份生态环境厅签订《西南地区及其相邻地区跨省流域（区域）水污染纠纷协调合作备忘录》，建立“跨省流域上下游突发水污染事件联防联控机制”等。重庆黔江区、渝北区、潼南区、江津区、合川区、荣昌区、梁平区、垫江县、秀山县等与四川省、湖北省、湖南省、贵州省相关毗邻县（市）签订环境应急联动协议。

第二，行业协同。市生态环境局在系统内细化《落实环境安全工作全过程管理任务分工》《进一步强化环境安全和突发环境事件防控处置工作机制》，形成前置管理协同、末端治理协作格局。同时，与22个市级部门签订环境应急联动协议，加强全面协作。如针对防控危险化学品车辆交通事故次生突发环境事件，生态环境部门持续深化与公安部门、交通管理部门防控和处置联动，优化明确危险化学品运输车辆进入高速公路行驶时段和运输线路要求。区（县）生态环境部门与属地多部门形成应急联动机制。

第三，市县协同。印发《重庆市环境保护系统突发环境污染事件应急演练管理暂行办法》，不断加强突发环境事件应急演练，创新开展“1+40+N”突发环境事件应急处置演练，即市级每年组织1次环境应急综合演练，40个行政单元每年开展1次区（县）级实战演练，环境风险企业每年开展若干场专项演练。

（五）高效形成环境应急处置体系

第一，实现24小时“在线”值守强应急准备。落实24小时人员在岗值班值守制度，建立完善环境应急值班“三项制度”，即落实领导带班和24小时应急值班制度，值班点名和24小时应战备勤制度，研判预警和24小时信息搜集制度，确保值班人员在岗位、应急队伍在状态。

第二，实现24小时“锋线”处突确保环境安全。坚持突发环境事件处置“五个第一时间”“属地管理、分级响应”原则，执行“信息收集—会商研判—信息报送—指导处置—信息公开—调查评估”应急响应“六步工作法”，确保了快速响应、科学应对、妥善处置各类突发环境事件。

第三，实现24小时“全线”介入抓“三责同追”。坚持第一时间介入调查、第一时间固化证据、第一时间取样封存、第一时间评估损害原则，评估结果作为事件调查处理、事件定级、“三责同追”（经济责任、刑事责任、行政责任）以及落实隐患整治“三不放过原则”的重要依据，显著提高违法成本和肇事代价，有力震慑违法行为。2019年以来，全市共完成13起突发环境事件污染损害评估，8起涉及责任事故的事件完成责任追究，累计罚款147.4万元。

三、典型案例

2020年11月27日8时许，重庆市九龙坡区生态环境局接报：长江江面上有油污。随后，全市立即启动环境应急响应，联合展开应急处置。生态环境部全程指导调度，重庆市委、市政府精准部署，市级有关部门（单位）通力协作，九龙坡等5个区协调联动，快速、规范、精准实施应急处置。到2020年11月28日13时许，污染源头全面切断，各监测点位石油类浓度均未超标，江面油污完成清理，应急处置全面结束，终止应急响应。经过29个小时紧张工作，成功避免引发重特大突发环境事件，成功保障了近百万居民饮用水安全，守住了环境安全底线。

（一）“部、市、区”三级联动

接到事件情况报告后，生态环境部领导迅速作出安排，生态环境部应急中心 10 余次调度处置进展，定时视频连线指挥处置。正在重庆开展督察工作的生态环境部西南督察局督导组从远郊区（县）迅速赶赴现场指导。重庆市委、市政府第一时间对处置工作作出安排，市领导全程指挥调度，市委值班室、市政府总值班室派员迅速赶赴现场，并全程调度。市生态环境局具体统筹协调、督促指导，局长和 3 名班子成员先后赶赴现场指导。按照应急预案，市公安局、市城市管理局、市应急局、重庆海事局、市水务资产公司、重庆环卫集团等部门（单位）立即响应，协同开展应急调度和现场处置。九龙坡区落实环境安全属地责任，区委书记、区长多次安排，党政班子 2 名成员全程在一线调度处置。位于事发地上游的大渡口区、南岸区和下游的渝中区、江北区快速启动应急响应，联合开展应急处置。

（二）“溯源、控污、监测”三线作战

一是快速锁定污染源头。九龙坡区生态环境局环境应急和监测人员于 27 日 8 时 20 分到达现场开展核查，基于该区 92 个长江入河排污口“一张图”成果，海事快艇迅速到位巡查江面，无人机协同排查沿江岸线，同步发动群众开展现场排查，水陆空并进立体溯源，10 分钟左右对污染物入江口精准定位，并根据城市管网基础数据迅速溯源，20 分钟成功找到含油污水倾倒点。二是迅速完成截污清污。岸上水里齐头并进，三位一体推进油污倾倒点、雨水沟残留油污清理和江面油污消除。调用吸污车回收雨水沟残留油污，组织人工收集零星油污，并以污染物入江口为原点，在半小时内设置 4 道截污防线，城市管理、海事部门出动清污船驻守饮用水水源地，严防油污进入。5 个区和市级相关部门协同调配应急物资，特别是九龙坡区统筹调度“2+15”物资库（2 个区级中心库、15 个镇街分中

心）应急物资，为实现12小时基本完成清污、29小时全面完成清污提供了有力支撑。三是加速开展应急监测。市生态环境监测中心统一调度对敏感点位水质开展加密应急监测。监测结果显示，事发地下游和尚山饮用水水源地取水点石油类浓度均达标，污染源入江处等16个敏感点位石油类浓度均未超过《地表水环境质量标准》（GB3838—2002）三类标准。市水务资产公司督导下游自来水厂加强原水、沉淀水和出厂水水质检测，石油类均未检出，饮用水水质保持正常。

（三）"查案、追偿、防范"三向发力

市、区两级公安和生态环境部门联合作战，同步开展违法倾倒处置危险废物案件调查，3个小时基本锁定嫌疑人，24小时内即刑事拘留6名犯罪嫌疑人。邀请专业评估机构及时介入现场勘查，跟进开展环境污染损害评估。为彻底防范污染，在事发地下游修建一体化隔油池，并协调第三方危险废物处置单位依法处置相关危险废物和含油沾染物。11月28日13时以来，九龙坡区继续对江面开展巡查，并对废油倾倒点、应急隔油池、入江排污口等持续开展清理扫尾工作，进一步巩固污染处置效果。

四、社会影响

（一）提升了发展后劲

重庆市不断增强环境安全服务经济社会发展的使命感和责任感，更加突出环境应急为经济社会创造良好发展环境的功能作用，在风险管控、隐患治理上着力，在事件早响应、早处置上抓实，在降低事件损害、控制事件影响范围程度上下功夫，环境应急服务高质量

发展效能不断提升。2020年新冠肺炎疫情期间，通过“24小时、全天候”应急值守和“全覆盖、无死角”风险排查，实现对全市医疗机构、集中隔离点及设施环境监管服务100%，医疗废物及时有效收集转运和处理处置100%，确保了疫情期间环境安全，为统筹疫情防控和经济社会发展奠定坚实基础。

（二）保障了群众权益

重庆市认真践行以人民为中心的发展思想，把不断增强人民群众生态环境获得感、幸福感、安全感作为环境应急工作的出发点和落脚点，在系统防治环境风险隐患上用心用力，切实降低了突发环境事件发生概率；在科学有效处置突发事件上用心用力，实现了突发环境事件妥善处置，遏制了重特大突发环境事件的发生，避免了因环境不安全导致群众生命、财产受到威胁。

（三）增强了企业活力

重庆市将落实企业环境安全主体责任与推进“放管服”改革有机统一，推进环境应急工作与增强企业发展原动力、风险抵抗力、市场竞争力有效联结，不断提升企业维护环境安全的思想自觉和行动自觉。精准开展“一源一事一案”编制，指导环境风险企业将“厚重”的突发环境事件应急预案简易化、图表化、卡片化，提高了企业一线职工应急处置能力。例如，在一起油库泄油事件中，企业巡查人员第一时间响应，第一时间切换雨污切换阀，将油污引入应急池进行回收，既避免了一次突发环境事件，也最大限度地挽回了企业经济损失。

下一步，重庆市将坚持以习近平新时代中国特色社会主义思想为指导，深入贯彻党的十九大和十九届二中、三中、四中、五中全会精神，深学笃用习近平生态文明思想，深入落实习近平总书记对重庆提出的营造良好政治生态，坚持“两点”定位、“两地”“两高”目标、发挥“三个作用”和推动成渝地区双城经济圈建设等重要指示要求，进一步统筹发展和安全，进一步把确保环境安全放在突出位置，扎实推动环境应急管理体系完备化、制度规范化、能力现代化、队伍专业化建设，坚决守住环境安全底线，为重庆筑牢长江上游重要生态屏障，加快建设山清水秀美丽之地，努力在推进长江经济带绿色发展中发挥示范作用提供有力支撑。

（中华人民共和国生态环境部供稿）

摸清流域环境风险底数 筑牢黄河环境安全底线

——甘肃省黄河流域环境风险评估与物资库建设实践

黄河是中华民族的母亲河，当前，黄河流域在我国经济社会发展的生态安全方面具有十分重要的地位。2019 年 9 月，习近平总书记在黄河流域生态保护和高质量发展座谈会上讲话指出，保护黄河是事关中华民族伟大复兴的千秋大计，并明确将黄河流域生态保护和高质量发展升格为重大国家战略。

黄河流域甘肃段位于黄河上游，是重要的水源涵养区和补给区，一旦发生突发环境事件，将对中下游造成重大影响。开展黄河流域环境风险评估，摸清流域环境风险底数，有助于系统识别流域环境风险类型和环境风险防控的重点区域、关键环节，提高环境风险防控和管理的针对性，有效防范和降低突发环境事件给经济、社会和生态环境造成的危害，对于流域所在地区环境安全和可持续发展意义重大。

一、甘肃省黄河流域环境风险评估的重要意义

2019 年 9 月，习近平总书记在黄河流域生态保护和高质量发展座谈会上讲话指出："要求坚持绿水青山就是金山银山的理念，坚持生态优先、绿色发展，以水而定、量水而行，因地制宜、分类施策，上下游、干支流、左右岸统筹谋划，共同抓好大保护，协同推进大治理，着力加强生态保护治理、保障黄河长治久安、促进全流域高质量发展、改善人民群众生活、保护传承弘扬黄河文化，让黄河成为造福人民的幸福河。"流域是人类生产生活的重要依托，流域生态

文明建设是生态文明建设的重要内容，关系到生态文明建设大局，是经济社会持续健康发展的重要保障。随着经济高速发展与城市化进程的推进，各种人为活动和自然灾害带来的环境风险不断加剧，我国突发环境事件高发频发，成为制约经济社会发展和群众生命健康的重要因素。这种环境风险问题大多由于布局性、结构性不合理造成，很多地方在制定工业化、城镇化的有关政策和规划时盲目开发和上马项目，不仅没有解决经济发展的问题，反而带来了更高的环境风险。开展流域环境风险评估，是生态文明建设的重要举措。

甘肃省黄河流域位于乌鞘岭以东，西秦岭以北地带，黄河干流及其支流全长约 5 464 千米，流域面积为 14.32 万平方千米，占全省总面积的 33.63%，区内有甘南高原区和陇中黄土高原丘陵沟壑区、陇东黄土高原区三大地貌特征，分属甘南高原和黄土高原。黄河在甘肃省主要流经兰州市、白银市、临夏回族自治州、甘南藏族自治州、定西市、天水市、武威市、平凉市和庆阳市 9 个市（州）（见图 1），黄河流域有黄河干流（包括大夏河、庄浪河、祖厉河及其他流入黄河干流的小支流）、洮河、湟水、渭河、泾河及北洛河 6 个水系。流域内环境风险类型多样，结构复杂，环境风险管理难度较大。现有的风险防控及应急预案因针对性、可操作性等方面存在诸多不足，难以满足环境应急工作需求。在这种情况下，甘肃省率先开展黄河流域风险评估工作，既是落实党和国家有关黄河流域生态环境保护和环境风险防控工作的有力举措，也是摸清环境风险底数、加强环境风险管控和应急管理、维护区域生态环境安全的必然要求，具有重要意义。

二、甘肃省黄河流域环境风险防控差距分析

习近平总书记在 2018 年全国生态环境保护大会上指出：“要有

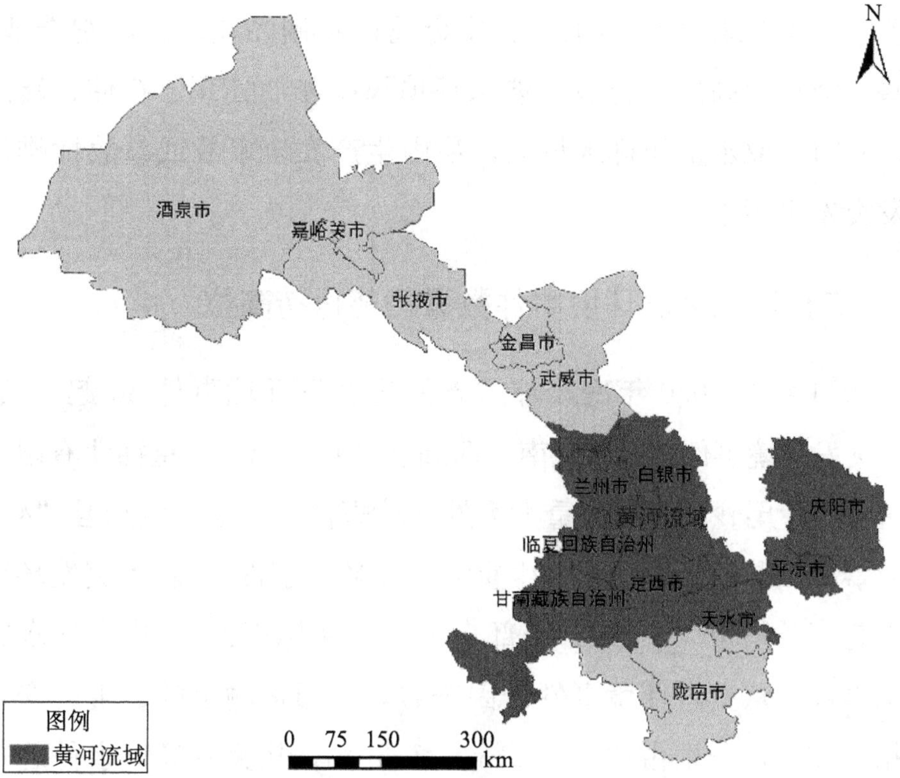

图 1　甘肃省黄河流域范围

效防范生态环境风险。要把生态环境风险纳入常态化管理，系统构建全过程、多层级生态环境风险防范体系。”2019 年 1 月 21 日，习近平总书记在省部级主要领导干部坚持底线思维着力防范化解重大风险专题研讨班开班式上发表重要讲话，对各领域防范化解重大风险作出具体指导，要求“既要有防范风险的先手，也要有应对和化解风险挑战的高招”。甘肃省黄河流域目前仍存在较多环境风险隐患。主要体现在以下三个方面。

（一）流域布局性、结构性风险仍然突出

甘肃省黄河流域固定源数量较多，全省重大环境风险等级企业共 59 家，其中黄河流域重大环境风险等级企业达 38 家，具有一定

的布局性环境风险；主要风险行业为化学原料和化学制品制造业、有色金属冶炼和压延加工业、非金属矿物制品业、医药制造业等，这些行业均为高风险行业，涉水环境风险物质使用、存储、转运量大，同时，取水量和排水量大，易由生产安全事故或事故性排污等引发突发水污染事件。

（二）流域突发环境事件数量仍将保持高位

2011年至2020年底，甘肃省发生突发环境事件86起。其中，重大突发环境事件2起（陇南市西和县“11·23”陇星锑业有限责任公司尾矿库尾砂泄漏次生重大突发环境事件和平凉市泾川县“4·9”交通事故致柴油罐车泄漏次生重大突发环境事件），较大突发环境事件1起（兰州市“4·11”局部自来水苯超标事件），均为涉水突发环境事件。从突发环境事件诱因来看，交通运输事故、生产安全事故相对较多，分别占比58.82%、31.76%；从突发环境事件趋势来看，2014年以来突发环境事件呈下降趋势。

（三）环境风险管理与应急能力方面还存在一定差距

在环境风险源布局和管理方面，主要包括企业与周边环境风险敏感受体交错分布、区域环境风险源信息掌握不全等。在应急处置能力建设方面，突发环境事件风险防控工程建设不足。在监测预警能力方面，应急监测能力不足、监控预警机制不完善。在应急队伍方面，专业化人员队伍不足。在应急物资方面，针对性的物资储备种类和数量不足、应急监测设备不足。在应急联动方面，跨部门、跨区域的联动机制都有待更新和进一步深化。

针对甘肃省黄河流域环境风险问题，2018年甘肃省发布《中共甘肃省委办公厅　甘肃省人民政府办公厅关于印发〈甘肃省污染防治攻坚方案〉的通知》，其中“甘肃省提升环境应急能力预防突发环境事件专项行动”要求开展全省重点流域环境风险评估工作，落实习近平总书记对各领域着力防范化解重大风险的要求。

三、甘肃省近年来环境应急管理重点工作实践

（一）甘肃省黄河流域环境风险评估

1. 主要工作开展情况

2019 年 10 月至 2020 年 12 月，甘肃省生态环境厅组织开展黄河流域环境风险评估工作，涉及黄河干流、渭河、泾河水系，具体包括流域基本概况、水环境质量现状调查、环境风险源调查、环境风险受体调查、环境风险防控设施和应急救援能力调查、环境风险评估、典型突发环境事件情景分析、环境风险防控与应急措施差距分析、环境风险防控体系及对策等相关内容。评估工作开展期间，甘肃省生态环境厅从项目工作方案评审、每月工作进展汇报、每两月阶段性项目进展审查到最终项目评审及现场验收的每个环节均进行充分讨论、交流与审核，把控成果质量，保证项目成果能更好地系统提升流域突发环境事件应对能力。

2. 主要工作成果

黄河流域环境风险评估共产出多项研究成果，包括《黄河流域甘肃段风险评估研究报告》《黄河流域甘肃段环境风险源数据库》《黄河流域甘肃段水环境敏感受体数据库》《黄河流域甘肃段环境应急物资和队伍数据库》《重点河流风险信息汇总表》《重点防控河段、路段、重大环境风险单元名单》《黄河流域甘肃段突发环境事件特征污染物应急处置方案》《黄河流域甘肃段环境风险地图集》《一河一

图一策》等。

为做好成果应用，甘肃省生态环境厅依托省生态环境监测大数据平台建设提升应急响应辅助决策能力。通过导入流域环境风险评估成果，实现“一张图”直观展示区域、流域内企业安全生产、交通运输等环境风险形势，结合流域特征污染物情景分析与污染扩散模型，对流域各类突发环境事件泄漏物实施定点跟踪模拟，初步实现实时分析评估污染团迁移、演变趋势，动态调用流域储备应急物资，全面提升全省流域突发环境事件信息化、智能化应对水平。

（二）甘肃省环境应急物资库建设

1. 工作开展情况

为提升全省环境应急能力，助力打赢污染防治攻坚战，甘肃省在 2018 年制定印发了《甘肃省提升环境应急能力预防突发环境事件专项行动方案》，作为《甘肃省污染防治攻坚方案》的 31 个子方案之一在全省实施，该专项行动方案确定了三大攻坚任务，需在 2020 年底前完成省级环境应急物资储备库的建设及应急救援队伍的组建。甘肃省生态环境厅依托省内 15 家大中型企业现有救援力量、技术装备和应急物资，分别在甘肃省东部、中部、西部 14 市（州）、兰州新区建成符合不同区域环境污染特点、有针对性的区域环境应急抢险救援队伍及与队伍相匹配的省级区域环境应急物资储备库。同时，结合近年来甘肃省发生的 80 余起突发环境事件，主要涉及特征污染物，参考《环境应急资源调查指南（试行）》，结合物资实用性、使用效果，储备人员防护、污染物控制收集、污染物降解和保障等各类环境应急物资 30 余种近百吨。

2. 主要工作成果

通过 2019 年和 2020 年的努力，甘肃省已建成覆盖全省、辐射重点风险点的环境应急物资库和应急救援队，现已建成 14 市（州）及兰州新区环境应急物资库和救援队，14 市（州）配套建设相应市级物资库及救援队，实现辐射全省。15 个省级和 14 个市级环境应急物资库的建成，秉承“政企合作、政企共享”的原则，物资共享，在一定程度上减少了物资的过量和冗余储备，节约了成本；在省级建设物资库的同时，市级也配套建设相应市级应急物资库，有条件的县、乡镇也可根据实际情况配套建设应急物资库，形成了连点成线、连线成网的多级区域环境应急物资库体系。区域内形成了多级环境应急物资储备选址与配置、各级储备之间相互协调和物资补充，可以满足常规及大规模突发事件在时间、数量、种类的物资保障方面的需求，并兼顾成本。为做好应急物资日常管理、调用工作，编制印发了《甘肃省环境应急物资储备库管理使用办法（试行）》，主要涉及使用原则、各单位职责、物资调用原则、物资库更新要求等内容。

四、创新点

（一）构建了一套流域环境风险评估方法

目前，国家尚无流域突发环境事件风险评估方法，常用的区域环境风险评估方法主要有环境风险指数法、网格化环境风险评估法等。环境风险指数法大多针对行政区域，根据区域环境风险源、风险受体、管理能力三个方面表征行政区域总体风险水平，不适用于流域风险评估；网格化环境风险评估法是将行政区域按一定地理空间划分为网格，以网格为单元进行环境风险量化，可更好地表征区域内部环境风险，同样也适用于流域风险评估。但网格化评估方法不能完全揭示流域每条河流、每条道路的风险状况，对于流域环境风险防控意义不大。

本次流域风险评估统筹考虑突发环境事件应急处置涉及的风险源、防控能力、处置水平、保障措施等全要素，首次提出了综合评分法这一流域风险评估方法，该方法体系在评估流域环境风险源数量、分布特点、风险等级等因素基础上，将突发环境事件处置中可用于现场处置的引水排水渠等农业灌溉设施，水库、水电站等水利设施，以及交通运输移动源等全部纳入评估体系进行综合评分，从而识别出了流域重大环境风险单元、重点防控河段、路段名单，并经综合打分得出高、中、低环境风险等级河段。环境风险评估相关结果顺利通过专家评审和现场验收，结果与流域环境风险特征相符，可为流域环境风险防控提供决策支持。

（二）提出了基于情景模拟的突发环境事件应急处置方案及编制了技术指导手册

在重大环境风险单元、重点防控河段、路段识别的基础上，结合历史突发环境事件，此次评估设计了30个流域最有可能发生的典型突发水环境事件情景，提出特征污染物模拟算法，分析污染团迁移、演变趋势，首次提出了30个典型情景应急处置方案，同时结合特征污染物应急处置方案，编制形成突发水环境事件应急处置技术指导手册，针对每种特征污染物制定有针对性的应急处置技术措施，包括示意图，处置过程需要物资、辅助设备，处置所需药剂名称、药剂量等信息，最终形成具有成熟应用条件、便于采取工程措施的应急处置技术方法体系，并初步建立特征污染物扩散模型。

（三）基本实现环境应急物资储备及应急救援队省域范围内的全覆盖

基本实现环境应急物资储备及应急救援队省域范围内的全覆盖，

第一时间为突发环境事件应急提供应急物资及救援支持，及时妥善处置突发环境事件，保障人民群众健康及生态环境安全。

依托有实力的企业，利用企业现有物资，运用“政企共建、有偿使用”模式是环境应急物资库建设方面的创新。项目按照“化零为整”的整体思路，不再由政府建设专门的应急物资库和组建救援队伍，而是减少政府部门在物资库房等基础设施方面的投入，按照“就地就近、平衡分布”原则在全省设置若干应急物资储备点和应急救援队伍，以协议挂牌的形式在全省“以点辐射面”组建省级环境应急救援队伍和物资库。

发挥指导和规范作用。一是方便应急准备。为全省生态环境部门储存物资的情况提供系统索引，便于应急物资保障部门开展应急物资实物储备、生产能力准备和应急资源调查等工作，提升应急准备的针对性和有效性。二是指导一线应对。为不同专业背景的现场工作人员快速开展需求评估、提出物资需求、组织协调资源提供基础参照系，提高应急保障工作效率。三是推动应急保障工作规范化、标准化。以科学管理弥补经验管理的不足，以目录为载体，通过滚动修订，积累与分享应急保障实践的经验和成果。

五、结语

《中华人民共和国突发事件应对法》《中华人民共和国环境保护法》要求各级人民政府应当进行风险评估、做好突发事件的风险控制等工作。甘肃省高度重视黄河流域生态环境保护和流域环境风险防控工作，按照《甘肃省提升环境应急能力预防突发环境事件专项行动方案》的要求开展黄河流域风险评估、建成省级环境应急物资储备库，不断加强应急救援队伍建设，提升区域流域应对突发环境事件的能力。下一步，甘肃省环境应急管理工作重点将以突发环境事件应对的信息化、智能化为工作目标，加大流域环境风险评估成果信息化水平的应用，补充完善环境应急物资储备库，加强应急队伍建设，形成有效的物资调用机制，实现对重特大突发环境事件的科学、精准、快速响应。

（中华人民共和国生态环境部—甘肃省供稿）

创新演习演练 提升海上搜救能力

——2019—2020 年海上搜救演习创新实践

近年来，随着国家“一带一路”倡议、重大区域发展战略的稳步推进和“海洋强国”“交通强国”战略的实施，特别是随着“十四五”规划的实施，开启了全面建设社会主义现代化国家新征程、向第二个百年奋斗目标进军，海上搜救和海上应急保障工作任务不断加大。中国海上搜救中心高度重视海上搜救演习工作，不断创新工作思路，通过开展针对性、操作性强的海上搜救演习，持续完善海上应急预案、锻炼海上搜救队伍，充分检验和加强海上搜救机构组织协调、决策指挥能力和海上搜救力量协调配合、综合实战能力，有力保障了人民生命财产和海洋生态环境安全，推动了海上应急管理工作更好地服务国家经济社会发展需要。

一、2019—2020 年海上搜救演习演练工作开展情况

近两年，中国海上搜救中心注重演习对海上应急实战的指导，不断探索演习组织和实施模式，创新演习形式，高质量组织开展海上搜救演习。

（一）注重部际协同，开展国家综合海上搜救演习

中国海上搜救中心每年均组织开展国家级综合性海上搜救演习，聚焦提升海上突发事件应急处置能力，注重深化合作机制，关注突出矛盾，树立国家级综合性海上搜救演习范例。2019 年，联合重庆市人民政府在重庆市涪陵区黄旗码头水域举办了“2019 年长江干线水上联

合搜救演习”；2020年，会同农业农村部、武警部队在福建漳州海域组织开展了“2020年全国渔业水上突发事件应急演练”，联合国家卫生健康委分别在上海、海南开展了“2020年海上紧急医疗救援专项演练”。

（二）坚持因地制宜，指导各地开展搜救演习

通过开展实地调研、组织培训、派员参加等方式，指导各地结合属地情况开展种类丰富、针对性强的地方层级海上搜救演习，省级海上搜救演习常态化机制已逐步建立。2019—2020年各地共开展海上搜救演习近150次，其中大规模演习20余次，包括上海国际邮轮大规模人员转移应急演习、琼州海峡客滚船大型应急救助综合演练、河北海域船舶溢油应急演习和船载危险化学品污染事故应急演习、长江上海江苏段水域海空联合搜救演习、江苏水上搜救综合演习、广东江门大湾区海上搜救演习、辽宁丹东鸭绿江水上搜救演习、福建福州内河水上交通应急救援联合演习、广西柳州百里柳江水上突发事件综合应急演练等。这些省级海上搜救演习，科目针对性强，凸显了当地海上搜救特点、难点，是国家级海上搜救演习的延伸，有效提升了各地海上搜救能力。

（三）深化国际合作，开展多国间水上搜救演习

在疫情常态化背景下，中国海上搜救中心积极参与国际海上搜救事务，加强与周边国家在海上搜救领域的务实合作，2020年12月15日与老挝、缅甸、泰国水上搜救机构共同策划，在澜沧江—湄公河航联委机制下举办了首届“澜沧江—湄公河水上联合搜救桌面推演”。

二、海上搜救演习创新实践情况

中国海上搜救中心注重创新引领，在演习组织策划、开展形式、

评估模式、宣传方式上下功夫，持续推进海上搜救演习实战化、多样化，有效提升海上搜救演习水平。

（一）注重理念转变，组织开展专项联合演习

中国海上搜救中心结合新发展理念和海上安全面临的新形势、新变化、新问题，转变大规模综合演习开展思路，组织开展专项联合演习，强化应对特定海上突发事件类型的应急处置能力，提升多部门联合演习的针对性。2020 年的两次海上紧急医疗救援专项演练均以强化医疗救援体系为核心，聚焦海上医疗救援能力提升，在险情接警处置，客轮医疗自救，应急医疗救援队协助救援，直升机、专业救助船危急伤病人员紧急转移，海巡船艇方舱医院分类救治，应急救援力量现场指挥警戒等海上医疗救援全流程中，重点演练了救援力量协调调派、船舶自救、紧急医疗救援、远程医疗指导、伤员紧急转送、岸基应急响应、现场警戒、远程信息传输等科目，系统性、针对性地锻炼和提升了海事、卫健、公安等搜救成员单位之间的应急联动和海上医疗救援能力。

（二）注重贴近实战，优化演习设计和组织实施方式

“练为战”是海上搜救演习的根本宗旨，为切实达到检验和提高海上突发事件应急处置能力的演习目的，避免“演习像演戏”“演有余、练不足”的情况，中国海上搜救中心在各类演习中不断优化方案设计和组织实施方式，持续推进演习实战化。一是创新演习场景设计，以情景构建为基础，充分分析典型案例、背景材料、客观数据，在形成对海上突发事件全角度、全方位、全景式描述的基础上设计演习演练场景，确保演习演练效果真实有效。在“2020 年海上紧急医疗救援专项演练”中，结合近年来国际国内海上大型邮轮紧

急医疗救援案例，设置了旅客、船员开放性骨折、颅脑损伤、胸腹外伤、既往冠心病、支气管哮喘复发等复杂紧急医疗场景，系统演练了应对各种海上紧急医疗状况的救援。二是突出演习科目实战性，聚焦搜救重点、难点问题，针对性设置实战化演习科目。“2019年长江干线水上联合搜救演习”充分考虑近年来长江干线航道搜救特点，针对性设置了航道应急抢通、深潜设备远程投送、沉物打捞等专项演习科目，检验和锻炼了国家水上搜救力量在特定环境下的支持保障能力和应急支援能力。三是优化演习组织实施方式，采取无脚本演习演练方式，着力提升实战化背景下的海上紧急救援能力。为贴近实战，2020年开展的两次海上紧急医疗救援专项演练均未制定详细的场景开展时间节点，现场指挥船根据演习进展情况制订搜寻计划，组织、协调和指挥救援力量实施搜救。演习科目中的邮轮内部自救、“海巡01”轮方舱医院紧急救助、海面搜救三大场景同步开展，充分检验和提升了各参演单位应急协调和联动处置等海上搜救实战能力。

（三）注重科技应用，验证新技术、新设备实用性

中国海上搜救中心严格落实《国务院办公厅关于加强水上搜救工作的通知》要求，大力推动新科技、新技术在海上搜救领域的应用。一是探索深潜装备远程投送。首次在内河水域使用自主遥控水下机器人，检验深潜设备远程投送能力以及深潜装备在长江三峡库区的实用效果。二是推动人工智能技术在海上搜救领域的应用。在“2019年长江干线水上联合搜救演习”中投入使用无人船、航道多波束扫测设备、工业级消防救援无人机、自航式收油船、智能救生器，用于溢油回收处置、航道扫测、水下摄像、沉物打捞作业等，为今后推广相关设备在搜救领域的应用奠定了基础。三是推动新一

代信息技术、卫星通信技术在水上搜救工作中的应用。在“2020年海上紧急医疗救援专项演练”中，在“海巡01”轮搭建了船载方舱医院并运用卫星通讯系统进行了远程医疗会诊。四是验证专业医疗救援装备在海上搜救领域的适用性。在“2020年海上紧急医疗救援专项演练”中投入使用我国首艘具有诊疗室、X光检查室、无菌手术室等紧急医疗救援功能的民用船舶，同时投入使用医学救援应急指挥车、重症监护车、紧急手术车、医技检验车、药械药品车、CT检查车等医疗救援车辆，验证陆基移动医疗救援装备在海上搜救工作中的适用性，为我国海上紧急医疗救援能力建设提供了参考。

（四）注重方式创新，开展线上多国联合桌面推演

为在疫情常态化条件下推动海上搜救国际合作，完善多边搜救合作机制，中国海上搜救中心创新演习方式，将视频会议、3D动画、二维影像有机结合，以线上方式对搜救行动进行模拟和情景再现，成功举办了“首届澜沧江—湄公河水上联合搜救桌面推演”。推演充分发挥澜沧江—湄公河航联委协调机制作用，确保筹备工作推进顺畅有序。演习筹备期间多次与老挝、缅甸、泰国等国家海上搜救机构召开线上工作协调会，利用电邮、电话等手段就桌面推演的具体流程与相关技术细节达成共识。同时，为保证线上推演效果，成立技术保障团队，协调解决老挝、缅甸、泰国等国的接入地网络环境以及终端类型复杂问题；优化云视频会议资源和宽带，确保现场设备与网络监测运行安全顺畅。聘请视频与动画制作单位、翻译单位等外协单位就桌面推演实施过程、实施效果等技术问题反复研讨与会商，为推演顺利开展创造坚实的技术保障，确保演习取得预期成果。

（五）注重演习实效，建立动态调整的第三方评估指标体系

海上搜救演习评估是根据预案要求和演习目标对搜救演习全过程的反思和评价，是提高演习效果，促进预案动态调整、组织、协调、指挥机制优化、搜救队伍能力提升、装备实用性改进的现实手段。为保证评估立场的中立性，有效避免“运动员、裁判员一体”的弊端，以及避免出现“窥一斑而知全豹”的片面评价方式，更加全面、客观、公正地展示海上搜救演习工作开展情况，中国海上搜救中心引入第三方评估模式，委托交通运输部科学研究院持续开展演习评估研究，建立了一套适用于海上搜救演习的评估指标体系，并在演习中不断完善。在“2020 年海上紧急医疗救援专项演练”中，组织搜救、医疗等专家成立独立的演习评估专家组，在原有搜救指标基础上，研究增加了船舶自救、远程医疗指导、远程会诊及指导手术等评估指标。通过演习评估，不仅针对演习组织本身提出了完善观摩方式等建议，同时总结梳理了海上紧急医疗救援程序和装备体系，针对海上医疗紧急救援能力建设，提出了进一步明确海上紧急医疗救援的定位和目标、完善多部门协作的技术装备标准和操作规范、增强医疗设备与船艇匹配等建议，使演习真正达到以评促改、以练为战的目的。

（六）“互联网＋主流媒体”构建全媒体宣传模式

海上应急救援演练不仅仅是检验装备、锻炼队伍的手段，更是国民教育的一种方式。面对媒体宣传的新形势，中国海上搜救中心秉承“开放公共管理”理念，顺应形势，有效融合主流媒体、行业媒体、互联网新媒体、现场观摩等宣传渠道，构建全媒体宣传模式，有效扩大受众覆盖面，向社会公众全方位展示演习全过程。一是组

织召开专题新闻发布会，介绍演习具体情况，提前回应社会关切，为演习营造良好的舆论氛围。二是注重主流媒体和行业媒体宣传，精心制定演习宣传方案，邀请中央电视台、新华社等国内主流媒体、地方媒体以及行业媒体，多角度、全过程开展视频报道和网络直播。三是加强互联网宣传引导，利用微博、微信公众号广泛开展宣传。互联网媒体发布及转载相关报道200余篇，其中新浪微博“2019年长江干线水上联合搜救演习”微博话题阅读量达74.3万余次，相关官方微信公众号阅读量达3万余人次。四是强化社会参与，增强演习对行业的指导意义和社会影响力。“2019年长江干线水上联合搜救演习”除了动员在渝专业救助力量、政府公务力量、社会力量参与外，还邀请了部分省级海上搜救中心、沿江港航管理部门、重庆市沿江区（县）政府、港航企业负责人和一线工作人员，全程观摩演习，促进了全行业安全应急管理能力和水平的提升。

三、演习演练成效

中国海上搜救中心充分发挥国家海上搜救体制机制优势，稳步推进水上搜救体系建设，通过海上搜救演习着力建设专长兼备、反应灵敏、作风过硬、本领高强的海上应急救援队伍，完善海上救援合作机制，不断提高各方力量协调处置能力和海上搜救能力。

（一）进一步优化了海上搜救协调机制

《国家海上搜救应急预案》明确要求，对海上突发事件应急反应行动实行统一指挥。各地持续健全海上搜救组织、协调、指挥和保障体系，遵循“就近就便”原则开展海上搜救工作，这对提升搜救协调效能提出了具体要求。中国海上搜救中心通过开展演习演练，有效地磨合了部际、部省以及行业间协调联动机制。一是国家级综合应急演习，有效发挥了国家海上搜救部际联席会议对各地海上搜救工作的督促指导作用，强化了部际联席会议成员单位对海上搜救工作的认识，深化了部际联动，进一步促进了海上搜救政策协同。二是部省联合搜救演习，完善了部省决策指挥、日常联络以及具体执行等层面的会商交流机制，强化了部省政策衔接，便于针对性、及时优化搜救政策体系，推动国家海上搜救政策落实落细。三是常态化举办的各类演习，有效磨合了各级搜救指挥机构、相关政府部门、各类搜救力量间的联络协同机制，使海上应急指挥体系处于高效运转状态，海上搜救效能显著提升。

（二）进一步提升了内河水上搜救能力

“2019 年长江干线水上联合搜救演习”推动海事、航道、三峡通航等单位进一步深化应急管理“一案三制”建设，强化辖区突发事件风险辨识管控，完善与地方人民政府水上搜救中心成员单位协作机制，有效促进水上应急体制机制、应急指挥组织体系进一步完善，水上人员搜救、船舶溢油回收、抢险打捞、航道抢通保通等应急救助能力持续提升；有效促进了北斗系统、人工智能技术、高分遥感系统在长江航运应急领域的应用，以及多波束扫测、水下机器人探测等先进技术的实战化应用；加快形成了以长航系统力量为核心力量，社会力量为常规力量，国家海上专业救助打捞力量为可靠增援的长江干线水上应急救助力量格局，水上应急救助能力明显提升。2020 年成功处置了多起重大突发事件和险情，水上人员搜救成功率达 98.01％。

（三）进一步完善了海上紧急医疗救援体系

“2020 年海上紧急医疗救援专项演练”推动了上海、海南海上搜救中心与医疗卫生机构建立海上紧急医疗救援协同机制试点，海上紧急医疗救援体系进一步完善，有效提升了重点海域的海上紧急医疗救援能力。一是海上搜救中心、卫健委、国家海上紧急医学救援队、海上搜救志愿者之间的协调救援机制进一步完善，信息互通、综合协调、应急联动、快速响应的救援格局逐步形成。二是海上医疗救援装备设施建设和设备研发步伐进一步加快，相关单位积极推动国家海上紧急医学救援基地、海上医疗救援研发基地建设；专业救援装备、船载医疗设备、海上专业医疗救援装备配备进一步完善。三是海上紧急医疗救援队伍进一步壮大，其中上海海上搜救志愿者队伍吸纳了包括上海中山、东方、长征、长海、仁济、瑞金、肿瘤等医院专业医生，以及具有专业医疗急救技能的社会各行各业人员80余人。2020年度，上海海上搜救中心组织开展了25次海上远程医疗咨询行动。

（四）进一步促进了海上搜救领域国际交流合作

“澜沧江—湄公河水上联合搜救桌面推演”加强了澜湄流域国家水上搜寻救助合作，提升了中国、老挝、缅甸、泰国四国间水上搜救协调联动能力，对切实服务好我国政治外交大局，推动区域合作具有重要的现实意义。一是有效检验了《中老缅泰澜沧江—湄公河航运突发事件处置协调应急预案》的可操作性。二是完善了四国间水上突发事件应急协调机制和信息通报机制，形成了统一指挥、职责清晰、协调有序的水上应急机制，有效提升了澜湄地区各国水上联合搜救能力。三是四国间互信合作基础进一步加固，通过演习增进了四国在水上搜救领域的相互了解，拉近了中国与澜湄流域国家海上搜救机构之间的距离，有力推动了沿江各国在水上搜救、人员救助、安全应急领域的合作，为今后开展实船演习乃至建立水上联合搜救演习常态化机制奠定了坚实基础。四是进一步彰显了我国水上应急实力，通过演习，展现了我国在水上搜救和应急处置领域的理念、能力、经验以及与周边国家紧密合作的意愿，凸显了我国负责任大国形象。

（中华人民共和国交通运输部供稿）

中化集团安全生产应急管理创新实践报告

中国中化集团有限公司（以下简称中化集团）成立于1950年，前身为中国化工进出口总公司，是石油和化工产业综合运营商、农业投入品（种子、农药、化肥）和现代农业服务一体化运营企业，并在城市开发运营和非银行金融领域具有较强的影响力。

中化集团设立能源、化工、农业、地产和金融五大事业部，对境内外300多家经营机构进行专业化运营，并控股“中化国际”“中化化肥”“中国金茂”等多家上市公司，在全球拥有近6万名员工。

中化集团的业务主要分为石油勘探开发，石油炼制和石化产品仓储、销售，化学品仓储和运输，农用品（种子、化肥、农药）生产经营，工业用化学品生产经营，化工新材料、化学品研制与开发，物业、酒店以及房地产开发，矿山开采等八大类型，涉及的健康、安全、环境（HSE）风险主要有：人员伤亡、火灾、爆炸、井喷、建筑物坍塌、有毒有害物质泄漏、急性职业病、环境污染、尾矿库溃坝等。

一、中化集团应急管理原则

中化集团HSE管理始终坚持以HSE风险管理为核心，应急管理作为企业安全生产的最后一道屏障，纳入整体HSE管理体系。中化集团在应急管理工作中遵循以下原则。

第一，预防为主，防救结合。以风险管理为指引，以预防事故和应急准备为重点，将预防、准备、响应、恢复等常态工作和非常态应急响应统一起来，从注重事故救援向注重事故预防和平时应急准备、战时应急救援转变，强化 HSE 风险防范措施，加强 HSE 隐患排查和治理，做好风险评估、应急物资储备、队伍建设、预案演练、宣传培训等工作，以有效预防、控制和减轻突发事件造成的损害和影响。

第二，统一领导，分级响应。在集团公司的统一领导下，事业部、专业公司和一线生产企业负责做好本级突发事件应急工作。一般情况下，当发生企业级、一般级 HSE 事故时，侧重于企业现场反应，各事业部、专业公司和集团总部可以视情况参与并提供支持；当发生特别重大、重大、较大的 HSE 事故，发生对公司形象产生较大影响的一般 HSE 事故或者与 HSE 相关的社会舆论事件时，将会启动集团总部应急响应，相关事业部、专业公司和一线企业会全力配合做好应急应对。

第三，以人为本，科学救援。事故灾害发生后，必须尽一切努力抢救遇险人员、救助伤者，同时，本着尊重科学、尊重事实的原则，采用先进的救援装备和技术，充分发挥专家技术团队作用，研判事故现场情况，对现场救援施救条件作出判断。在发现可能直接危及应急救援人员生命安全的情况时，要采取有效措施消除隐患，降低或者化解风险，确保应急救援人员生命安全，坚决杜绝因盲目施救导致事故尤其是人员伤亡扩大。

第四，快速反应，协同应对。启动应急响应后，各级主体、部门应快速反应、积极行动，坚持一般工作服从应急工作、局部利益服从全局利益，全面接受相应层级应急指挥中心的统一指挥、统一调度，第一时间建立指挥统一、分工协作、反应灵敏、功能齐全、协调有序、运转高效的应急响应体系。

第五，坚持“对事故的潜在影响做出过度反应”原则。启动应急响应后，根据对事故严重性及事态发展方向的基本研判，在应急响应中坚持“对事故的潜在影响做出过度反应”原则，第一时间调拨、投入充足的应急资源和应急力量，确保将事故灾害遏制在初起阶段。

二、中化集团应急管理实践

为规范中化集团日常生产安全事故应急管理，提高防范、处置各类突发事件和防控 HSE 风险的能力，预防、控制与减轻突发事件造成的损害及影响，保障集团员工生命和财产安全，根据中化集团 HSE 管理的实际和应急管理工作原则，集团应急管理主要围绕以下七个方面开展工作。

第一，抓各级领导，促进应急意识和能力提升。中化集团通过多种途径提升各级企业主要负责人应急意识和应急能力。一是各级企业主要负责人至少每两年参加一次集团安全资格认证培训，培训课程中设置应急管理专题，介绍国家应急管理最新法律法规和行业实践。二是各级领导作为本级应急指挥机构总指挥参加应急指挥员专题培训和演练，针对性提升应急指挥专业能力。三是各级企业主要负责人亲自组织参与本单位典型 HSE 重大事故事件情景构建与应急演练，从情景构建、应急准备、应急演练中提升对 HSE 风险认知、应急意识和应急能力。四是通过典型 HSE 事故应急救援案例特别是因应急处置不当导致事故扩大的案例，警示教育各级领导提升应急工作能力。

第二，抓应急机制，实现快速反应和协同应对。中化集团建立了统一领导、分级响应、分工协作、协同应对的应急指挥体系。集团公司侧重日常应急管理责任体系、制度体系、预案体系、保障体系的建设、运维及应急状态下集团公司层面的危机应对，事业部、专业公司和一线企业侧重日常应急准备、应急值班值守及事故灾害情况下现场应急响应。遇突发 HSE 事故或自然灾害，根据事故和灾害级别分级启动应急响应。在具体应急响应活动中，参照国际上公认的突发事件应急指挥体系（ICS）成立不同层级的应急指挥机构和应急功能小组，分工协作、协同处置。

第三，抓应急准备，实现应急准备系统化和专业化。在应急准备方面，中化集团紧紧围绕风险可知化、体系规范化、预案场景化、场景数字化、人员专业化、设备自动化、现场可视化、培训仿真化、演练实战化、战训系统化、保障模块化、装备集成化等“应急准备十二化”开展工作，部分工作还在实践探索中。

一是风险可知化，即要求生产经营单位应全面辨识、评价生产经营活动中的 HSE 风险，制定针对性管控措施，消减、防控风险，动态进行管理，并根据企业 HSE 风险，构建企业应急管理体系，进行针对性应急准备，这是集团公司应急管理的基础。实践中，各单位每年滚动开展 HSE 风险辨识评估，输出风险辨识清单，开展后续风险防控和应急准备工作。

二是体系规范化，即应急管理体系建设运行管理规范化，要求生产经营单位针对应急管理组织体系、责任体系、制度体系、预案体系、保障体系、日常管理等进行规范化管理。同一业务板块（专业公司）各子公司在通用管理要求、管理程序、管理工具上使用统一模板。

三是预案场景化，即针对企业风险失控的情形，针对性编制应急预案，一般涉及专项预案和典型事故现场处置方案。在预案场景化的过程中，充分借鉴重特大生产安全事故情景构建技术，按照情景筛选、情景开发、情景应用和情景评审与改进的步骤开展。通过预案场景化工作，进一步挖掘事故状态下可能发生的严重后果和次生灾害，检验应急准备。在实践中，集团层面针对炼油装置火灾爆炸场景、10万立方米原油储罐全液面火灾场景、有毒有害气体大量泄漏场景、大型商业综合体火灾场景等典型事故场景进行情景构建，编制针对性应急预案，梳理应急相关准备，各生产经营单位针对石油化工装置罐区、重大危险源、重大工程和人员密集场所等典型事故场景编制应急预案，全面提升重大HSE事故应急应对能力。

四是场景数字化，即开展应急预案数字化建设，建立重点装置、重点罐区、重点场所数字化预案模型，实现预案场景数字化，并将典型数字化预案进行集成共享。实践中，中化集团针对炼油装置火灾爆炸事故场景、10万立方米原油储罐全液面火灾场景建立了数字化预案，日常情况下用于应急救援人员专业培训和演习演练，应急状态下用于辅助决策和应急指挥。

五是人员专业化，即专兼职应急救援人员专业化建设，集团将专兼职应急救援人员列为专业技能人才队伍进行培养。专业上分行业制定一线企业兼职应急救援人员上岗能力标准，按照应急响应活动中不同角色和职责（包括现场指挥、现场侦检、消防救援、抢险堵漏、工艺技术、安全疏散、交通警戒、医疗救护、环保应急、通信联络、后勤保障、媒体应对、善后综合等），分别制定体能技能标准，明确上岗资格要求，建立培训课程体系，培养师资队伍，并依托中化集团下属的中化舟山应急救援基地开展上岗前资格培训，培训合格方可上岗。

针对专职应急救援队（含国家危险化学品应急救援基地）日常管理，进一步提出针对性管理要求：一要以《应急救援员国家职业技能标准》为基础，加强队伍日常体能技能训练，做到技能精湛；二要以《消防救援装备维修保养手册》为指引，加强装备日常维护保养，做到装备时刻完好；三要以《消防救援装备操作手册》为指引，加强日常操作训练，做到人机协同；四要以罐区装置和典型事故情景为对象，从严、从难、从实加强现场实战训练演练，做到科学精准实用；五要以准军事化管理为标准，大力培养队伍战斗作风和精神风貌，做到纪律严明、作风优良；六要以典型事故应急救援处置技术为基础，开展技战术研究和模拟复盘，做到科学救援。

六是设备自动化，即企业消防设施设备、应急救援装备自动化，要求企业在满足法律法规和设计规范的基础上，树立“一切从实战出发”“向科技要战斗力”的理念，针对生产装置、物料、工艺、现场实际及 HSE 风险、行业事故与应急救援经验等，进一步提高固定和移动应急设备设施配备标准，尽量向自动化方向靠近。实践中，企业甲类防爆区周边手动操作的消防炮，升级改造为电动遥控消防炮，在中控室远程控制；在火灾风险较高场所，安装自动跟踪遥控消防炮，消防炮射程、出水方式、出水方向均可远程控制；针对有毒有害装置、罐区配备移动式自摆炮、屏障水枪等，大大降低了事故状态下人员暴露风险和日常消防设施维护难度，提高了应急救援能力。

七是现场可视化，即通过集团应急指挥系统集成一线企业生产装置、重点场所部位现场视频监控图像实现生产现场可视化。平时通过该系统远程监测抽检企业运行状态，应急状态下通过现场视频监控和应急救援人员装备（智能头盔、单兵系统等）实现现场画面信息与集团公司各级应急指挥中心实时传输共享，为各级应急指挥决策提供支持。

八是培训仿真化，即依托集团内部实训基地、培训中心、废旧装置等开展仿真培训，严格按照真实的情境来学习和训练应急处置中的实际问题。中化集团下属的中化舟山应急救援基地公司建设了石油储运实训中心（2 500 平方米，包含工艺仿真、设备维护、模拟操作、风险体验、应急响应五大功能区）、危险作业实训中心

（1 200 平方米，可针对施工监管人员、项目经理、安全监管人员、特种作业人员开展各类危险作业实操培训和考核）、绳索救援实训中心（面向高空作业人员、消防指战员、应急救援人员，开展国际绳索技术、消防绳索技术、高空及受限空间作业救援培训）、水域救援实训中心（由开放式和室内场地组成，可面向消防指战员、水域救援人员、专业救援小组等开展溺水、水上交通事故等救援技能训练）、应急预案推演中心（通过应急预案培训及推演系统，对应急人员开展协同作战推演、救援设备仿真操作、储罐火灾辅助决策等培训），以及空中课堂在线学习平台等“一平台五中心”，满足开展专兼职应急救援队伍的专业培训需求，并能为社会提供专业的安全、应急培训服务。

九是演练实战化，即根据场景化的应急预案组织开展实战化的应急演练。实践中，各单位在每年年初针对不同层级应急演练目的、演练内容和演练频次，制订年度应急演练计划，并严格按照年度应急演练计划和《生产安全事故应急演练基本规范》《生产安全事故应急演练评估规范》等，从严、从难、从实开展多层次实战演练和桌面演练，提升应急能力。

同时，集团各专职应急救援队（含国家危险化学品应急救援队）围绕“提升救援能力、一切为了实战”这个主题，在战训系统化、保障模块化、装备集成化方面努力进行实践和探索。

第四，抓应急响应，实现救援科学化和智能化。在应急响应方面，中化集团一线企业紧紧围绕接警智能化、处警预案化、信息同步化、救援科学化、区域协同化等“应急响应五化”进行探索。

一是接警智能化，即企业应急指挥中心接到报警信号后，通过报警信号关联（如现场手动报警装置）或输入报警关键信息，系统自动筛查出与事故相关的信息，如装置工况、物料、危险性、应急设施、值班情况、气象情况及建议调动应急处置力量等，为现场应急指挥决策提供支持。

二是处警预案化，即企业现场应急救援队伍按照场景化的应急预案进行应急处置。应急响应启动后，现场指挥员结合智能化接警系统推荐的方案下达作战指令，各应急功能小组按照功能职责和处置程序进行现场处置。专职消防队、应急救援队各战斗单元出警过程中通过手持终端接收应急指挥系统和现场指挥分配的作战任务、了解现场最新情况，并按照预案中的位置站位作战，确保应急处置科学有序。

三是信息同步化，即企业应急响应信息、应急指令实现指定层级的上下同步，为应急行动争取时间。实践中，通过集团应急指挥系统可以直达事故企业现场应急指挥部，实时保持信息同步；现场各应急小组通过通讯设施和单兵系统实现与现场指挥部的无缝对接。

四是救援科学化，即企业在现场应急救援中按照科学的程序进行应急处置，最大限度控制和减轻突发事件造成的损害及影响，避免因应急救援不当导致事故扩大。实践中，各级单位紧紧抓住现场指挥员能力提升、一线班组初期事故应急处置能力、不同场景（有毒有害介质泄漏与火灾爆炸、商业综合体火灾、受限空间窒息事故等）事故初期处置程序、现场自动化设备设施配备、专职应急救援队伍建设等五个方面进行突破。

五是区域协同化，即统筹各地区企业分布、企业类型、HSE风险、应急能力、外部力量等建立区域应急协同机制。实践中，侧重应急物资与大型应急装备的区域储备和协同，日常情况下区域内各企业联合开展应急评估检查交流。

在应急响应的整体创新方面，中化集团下属的中化舟山应急救援基地公司主动创新、大胆探索，自主研发了“易目视应急救援辅助管理系统”，能够实现应急通信、救援队伍和物资的海陆空一体化指挥等实战功能高效集成。目前该系统 1.0 版本已经多次在大型实战演练中得到实践应用。该系统主要包括以下功能。

（1）实现可视化的危化专业救援队伍、国家综合救援队伍、“公羊”和“蓝天”等志愿救援队伍在线实时定位，形成应急队伍“一张图”显示，便于调集和科学部署。

（2）搜索、调集周边的消防、工程、救护、环保车辆装备位置信息、运动轨迹、工况信息、联系方式，实现一键调集。

（3）在线显示侦察灭火无人机位置及飞行轨迹，运用侦检信息及时回传系统，进行数据分析和输出。

（4）搭载救援人员装备智能头盔和单兵系统，实现侦查、搜救、内攻、战斗部署和战保信息即时回传。

第五，抓信息化建设，实现应急基础管理信息化。中化集团开发建设了集团统一的应急指挥平台，平台包括应急会商指挥系统、应急数据管理系统、现场实时监控系统三部分。应急会商指挥系统可以满足多方、异地、同时进行视频和音频会商指挥；应急数据管理系统包括企业简介、设备设施物资情况、厂区平面图、应急预案、应急队伍、内外部专家、应急培训、应急演练、应急响应管理、应急评估等 10 个子模块，用于企业应急基础管理，应急状态下为各级应急指挥决策提供信息支持；现场实时监控系统汇集了一线企业各生产装置、重要场所现场动态视频，满足平时对一线企业现场的监控抽查，应急状态下可对事故现场实时跟进查看。

第六，抓应急评估，促进各级自主提升和改进。在研究国家应急政策法规标准基础上，根据生产经营单元业务实际，中化集团分行业（危险化学品、非煤矿山和尾矿库、人员密集型场所）制定应急能力评估指南（包括风险辨识与管控、应急制度、应急组织、应急预案、关键岗位应急能力、应急培训与演练、应急设备设施与物资、涉及重大风险关键安全应急设施、应急救援队伍、应急值班监测和报警、应急指挥与响应、应急信息化建设、专职消防队等一级管理要素和若干管理指标），按照“一线企业每年一次、事业部每三年全覆盖、集团随机现场抽查”的频次，分级组织各级单位开展应急能力评估，引导企业自主开展应急能力建设。通过应急能力评估，全面分析、判定企业应急管理责任体系、制度体系、预案体系、保障体系及应急响应能力的符合性和可靠性，总结经验、查找差距、整改提升，持续提升企业应急能力。

第七，抓基地建设，实现应急资源效益最大化。中化集团承建和运营两个国家危险化学品应急救援基地。在基地建设和运营过程中，我们深刻体会到针对性建设危化品应急救援国家队对于提升依托企业及周边区域应急救援水平，促进石油化工行业应急能力提升，带动应急救援产业发展具有重要意义。同时，也为国内外应急救援理念、技术、装备、信息交流创造了条件，搭建了平台。

一是作为国家危险化学品应急救援基地，尤其是中化舟山应急救援基地，主动瞄准国际石油石化行业应急救援方向和应急产业动向，主动跟踪、对接、研究、吸收、转化、传播国内外领先的应急理念、应急技术和行业经验，为提升中国危化行业应急救援水平贡献力量。中化舟山应急救援基地建设过程中，引进了 2 套大流量远程供水灭火系统，研究升级了《大流量远程供水灭火系统战斗编程》，改进了水带铺设系统，开创性地改造了平衡水箱进液孔单向阀，改进后的大流量远程供水灭火系统备战时间降低 40%，消防车减少 2 台、消防员减少 6 人，单次灭火泡沫液消耗量减少 8 吨，救援效率远高于国外同行标准；其自主研究开发的应急保障船填补了国内空白，并在“8·20”长江口船只碰撞事故救援中发挥了主力军作用；同时，翻译引进了欧美国家石油石化行业应急救援指南和从业人员能力标准等行业资料。

在中化泉州应急救援基地建设过程中，中化集团与国内应急装备制造厂家充分沟通需求，提出改进意见和建议，既满足了企业的需要，也为国内相关应急产业标准提升贡献了力量；同时，应急救援基地建成后第一时间投入中化泉州 1 200 万吨/年炼油项目生产运营和 100 万吨/年乙烯改扩建项目建成投产过程中，担负起了保卫泉惠石化园区消防安全的重任，并在泉州“3·7”欣佳酒店坍塌事故现场救援中发挥了重要作用，经济效益、社会效益明显。

二是充分利用应急救援基地资源，发挥其在区域或行业应急培训、应急装备升级、应急产业发展上的专业作用。应急救援基地在建设过程中，一般都配套了相应的基建，引进了先进的装备技术，对应急培训和应急产业发展具有积极意义，也具备较好的参与基础。如中化舟山应急救援基地在中化集团配套资金的支持下，针对石油石化行业特点建设了应急救援基地，涵盖了现代化的培训教室、体能技能训练场、水上救援训练场和仿真培训中心（包含工艺仿真区、设备操作区、模拟操作区、作业风险体验区、应急响应区五大功能模块），可满足中高级指挥员和专职救援队伍的驻训，具有较好的基础；同时，积极参与浙江舟山国家应急产业示范基地建设，为应急产业的发展贡献力量。

三是将大数据、物联网、5G 等新兴技术与应急行业有机结合，着力在石油石化行业应急救援痛点、难点上大胆探索实践、寻求突破。中化舟山应急救援基地针对危险化学品事故应急救援条件复杂、救援风险大等痛点、难点，探索融合大数据、物联网等技术手段，构建综合性海陆空智能应急救援平台，优化配置多功能应急保障船、泄漏处置智能化装备、智能洗消装备等智能化消防装备，配备基于物联网等新技术的演练与培训系统、辅助决策系统、通信指挥系统，填补了悬水小岛及海上危化事故救援的技术空白，解决了重特大危化品事故处置过程中作战编成效率低、处置装备落后等问题，提升了危化事故救援无人化、智能化水平，为科学应急救援提供强大支撑。目前，该项目已在国家危险化学品应急救援中化舟山队应用，并参与多次实战救援。

四是充分发挥危险化学品应急救援国家队在所属企业防火检查、火灾预防和对属地服务企业应急准备监督检查中的专业作用，为区域范围内各企业安全生产提供专业支持。

（国务院国有资产监督管理委员会供稿）

2020年鄱阳湖圩堤决口封堵抢险案例

从2020年6月初开始，鄱阳湖流域遭遇了1998年以来时间最长、范围最广、雨量最大的连续性暴雨天气过程，大部分流域降水量超过500毫米，局部区域降水量超过800毫米，多条河流发生超标准洪水，鄱阳湖水位长期超警戒水位运行，水位超过有记录以来的最高水位，导致鄱阳县境内多处万亩圩堤发生溃决，淹没周边大量村镇，造成多地大面积受灾。

中国安能集团积极响应党中央、国务院、江西省委、省政府指示要求，第一时间响应、第一时间到达、第一时间抢险，连续奋战10个昼夜，提前完成了问桂道圩堤、中洲圩堤等4个决口总长达444.4米的封堵任务，最大限度降低了灾害损失，有效保证了受灾区域及周边人民生命财产安全。

一、圩堤决口险情概述

鄱阳湖鄱阳县境内圩堤多为土石圩堤，通过多次分层填筑、加高培厚而成，梯形断面，高度4～8米，顶宽4～6米，两侧坡比1：2.5～1.3。平时兼有防洪、交通等功能，防洪标准十年一遇。7月初，受连续降雨的影响，鄱阳湖水系昌江流域发生超二十年一遇洪水，问桂道圩堤、中洲圩堤等先后发生溃决。

（一）险情情况

7月8日20时35分左右，鄱阳县鄱阳镇昌江河问桂道圩堤发生决口险情。7月9日中午12时，决口长度发展到约120米，河水流速6～8米/秒，圩堤顶宽约5米，最大水深9.7米，平均水深约6米；同时，问桂道圩堤上游邓坊村段发生40米决口险情。

7月9日21时35分左右，鄱阳县昌洲乡昌江河左岸中洲圩堤发生188米决口，决口处水流速度约2.0～2.5米/秒，圩堤顶宽约4米，水深6～9米；同时，桂湖村圩堤发生约80米决口险情。

各处决堤共计达400余米，决口宽度受到水流连续冲刷的影响，有进一步扩大的趋势。

（二）灾情情况

问桂道圩堤内辖6个行政村，保护农田1.64万亩，保护人口1.8万人；中洲圩堤内辖15个行政村，堤线长33.72公里，圩堤保护面积23.8平方公里，保护农田2.21万亩，保护人口3.4万人。

圩堤溃决造成堤内3.8万亩农田、21个村庄被淹，5.2万名群众被当地政府提前紧急转移，直接经济损失近亿元，鄱阳县防汛应急响应由2级提升至1级（见图1）。面对严峻的灾情形势，若不及时进行决口封堵，将威胁更大范围人民群众的生命财产安全，造成更加严重的损失。

图1　鄱阳湖圩堤决口

二、决口封堵抢险过程

针对我国多地进入主汛期，鄱阳湖等多地汛情严峻的形势，习近平总书记对防汛救灾工作作出重要指示，要求全力做好洪涝地质灾害防御和应急抢险救援工作，坚持“人民至上、生命至上”，切实把确保人民生命安全放在第一位落到实处。江西省委、省政府高度重视鄱阳灾情，第一时间请求中国安能集团这支抗洪抢险国家队参战，同时要求当地政府组织多方力量、调集一切资源全力配合抢险，最大限度减少人员伤亡，最大限度降低灾害损失，让灾区人民早日回家。中国安能集团认真贯彻习近平总书记对防汛抢险救灾工作的重要指示，坚决服务大局，从多地抽调精锐力量，快速机动到达，不讲条件、不计代价、不畏艰难，全力投入圩堤决口群封堵抢险。

（一）快速响应机动

针对 7 月以来的强降雨气象和水文情况，中国安能集团抢险指挥部结合水情灾情、道路交通、灾区地形、未来天气等因素多次组织召开抢险救援任务部署会，研判任务形势。

鄱阳险情发生后，应江西省防汛抗旱指挥部请求，7 月 8 日至 9 日，中国安能集团迅速从江西南昌、江苏常州、福建厦门等地调集 410 名抢险队员、130 台（套）装备（主要包括冲锋舟、照明装备、测量装备、通信装备等主战装备）采取铁路输送与摩托化机动相结合的方式星夜驰援，9 日 20 时全部抵达抢险一线。首批驻高安市抢险救援大队 158 人，75 台（套）装备仅用 2 小时到达现场（见图 2）。

（二）科学部署力量

因圩堤特有的结构形式和所处的特殊地理位置，决口封堵面临

图 2　抢险队伍集结

堤面窄、堤身弱、线路长、村落多、错车难、酷暑天等困难挑战。抢险指挥部结合水情灾情、道路交通、灾区地形、未来天气等情况多次组织召开任务研判部署会，研究形势并确定处置方案（见图 3）。

图 3　任务研判及部署实施

按照联合指挥、战法灵活、多点作战的要求，将救援队伍兵分三路：第一抢险救援队南昌分公司首先主攻问桂道圩堤决口，完成后直接转战上游邓坊村决口；第二抢险救援队常州分公司主攻桂湖村、邓坊村圩堤决口；第三抢险救援队厦门分公司主攻中洲圩堤决口。三支队伍按照同类工程施工任务的 2～3 倍进行资源配置，同步开展抢险战斗。

（三）奋力组织抢险

针对封堵过程中面临的车多路堵、堤薄顶窄、料远温高、水位不降等不利因素，抢险救援指挥部选配技术骨干成立技术小组，结合现场条件和地质、水文、气象数据，认真分析研究，提出了先“疏通道路、拓展会车平台、备足料源”，再进行“堤头裹头保护、石碴戗堤进占、水上分层碾压、黏土抛填闭气”的机械化单、双向进占战法。

在抢险过程中，各指挥控制组按照军事化作战的标准和要求，标绘处置决心要图、抢险要图 28 份；抢险技术组充分发挥技术优势，全时运用激光测距仪、雷达水流测速仪等先进设备收集数据，每小时上报水文监测、决口进占各类技术参数，现场搭建视频监控网络，利用在建监管平台，进行数据实时掌控、图像实时传输、抢险作业远程指挥。保障组及时协调动力舟桥、快艇、冲锋舟等装备，开辟水上运输通道，加快救援力量投送速度。

采用“两班倒”“人停机不停”的方式，24 小时连续抢险作业，全力加快抢险进度。经过 10 余天的战斗，问桂道圩堤于 7 月 13 日 23 时 08 分、邓坊村圩堤于 7 月 15 日 11 时 38 分、桂湖村圩堤于 7 月 15 日 18 时、中洲圩堤于 7 月 18 日 8 时 22 分成功合龙（见图 4）。

图 4　决口封堵过程及封堵完成

三、主要做法

面对灾情突然、情况紧急、任务危险的特殊形势，中国安能集团充分发挥原水电部队抢险救援管理、指挥、技术、保障等优势，从企业参与应急救援的实际出发，扎实做好现场组织指挥、技术方案编制、现场安全管理、后勤物资保障等工作，没有发生一起人员伤亡、设备故障事故，确保了抢险救援任务的圆满完成，保证了抢险救援人员、装备的安全。

（一）加强现场组织指挥

将指挥控制、灾情侦测、技术保障、装备保障、政治工作、后勤保障纳入现场救援指挥部的统一指挥，提升指挥效能。

一是指挥控制。抢险现场灵活运用“一句话命令+补充指示”的指挥流程，按照高效精干的要求第一时间成立鄱阳抢险救援指挥部，负责现场抢险救援的组织实施，并接受地方联合指挥部领导。鄱阳抢险救援指挥部下设工程组、技术组、安全组、政工组、后期保障组及昌江左、右岸两个抢险组，统一指挥抢险行动。根据现场实际，在鄱阳县鄱阳镇曹玲村和古县渡镇中心学校开辟两处前进指挥所，并利用在建监管平台，在3个抢险区域安装监控点位，实现图像适时传输，辅助抢险救援指挥部决策。

二是灾情侦测。与当地政府、应急、水利及友邻单位建立信息共享机制，及时了解雨情、水情信息；侦测分队通过观察侦测、调查询问、技术侦测等方法，实时对河流水位、流速、决口宽度等信息进行监测、记录，经处理后，每日定时更新、发布水文监测、决口进占等数据，为指挥决策提供依据。

三是技术保障。在充分现地勘察、研判灾情的基础上，制定了先“疏通道路、拓展会车平台、备足料源”，再进行“堤头裹头保护、石碴戗堤进占、水上分层碾压、黏土抛填闭气”的机械化单、双向进占封堵方案，经指挥长审批、报请地方联指同意后予以实施。

四是装备保障。从3个分公司调集推挖装运装备65台（套）、协调地方抽调装备201台（套）；协调中船重工公司、地方渔政、海事等部门，抽调动力舟桥、快艇、冲锋舟等装备，开辟水上运输通道，加快救援力量投送速度；集中装备管理骨干组成“大机务组”，建立调配、检修、统计、巡查等制度，保证了装备的完好率和利用率。

五是政治工作。以习近平总书记防灾减灾救灾和应急管理体系及能力建设重要指示精神为指引，建立完善30多个党团组织，做到前指有党委、分队有支部、关键部位有先锋岗、难点区域有党团突击队，211名党员、80名领导干部、18名副处级以上领导坚守一线，靠前指挥。注重挖掘典型人物和鲜活事例，将忠诚文化、红色传统、铁军精神熔铸其中，在省部级以上多家媒体进行了刊稿、报道、宣传，鼓舞了士气，树立了良好形象。

六是后勤保障。围绕“衣食住行医修”多渠道筹措抢险物资和器材，做好后勤综合物资、给养、运输油料、维修技术等保障；科学选定磨刀石中学、古县渡中学等宿营地，合理调剂伙食，强化卫生防疫和防暑措施；加强与地方有关保障部门联系，搞好协调配合，及时提出保障建议。

（二）科学制定处置方案

从物料运输、道路保通、水上运输、戗堤进占、决口封堵等方面，科学编制处置方案，为按时完成抢险任务提供技术保障。

一是物料运输。问桂道圩料场和中洲圩料场距决口现场较远，均设置中转料场，石碴料运输采用“干支线分段运输，大小车配合接驳，远近料场昼夜轮运，24 小时不间断供应”的保障方案，灵活应用远近两个料场，科学规划，高效利用。白天根据道路情况，及时调整料场和中转料场运输车辆，最大可能避免道路拥堵，充分发挥道路及车辆利用率；同时穿插少量大型自卸车向中转料场增运石碴料，为小型自卸车夜间运输做好备料准备。夜晚，为保障运输安全，采用大型自卸车向中转料场备料，中转料场使用小型自卸车向抢险现场供料，夜间道路交通压力相对较小，能充分发挥小型自卸车运输能力。

二是道路保通。抢险道路畅通，是抢险救援高效快速的先决条件。鉴于圩堤堤身顶宽 4～5 米，道路狭窄，部分路段圩堤两侧建有民房的实际，为确保料源地至堤头交通顺畅，一方面，依托地方政府和交警部门，疏散受灾人员、清理道路两侧滞留的物品，并对抢险道路进行封控，严格控制抢险期间无关车辆、人员进入抢险现场。另一方面，结合现场道路实际，及时修复破损及损毁路段，并在关键点位修筑错车平台，合理设置道路保通员，有效保障车辆有序会车。遇有故障车辆，小故障牵引至错车平台及时维修，重大故障安排拖车及时拖走。重点部位配备挖掘机、装载机等抢险装备，确保路面坍塌后能及时修复。

三是水上运输。为保证堤头的大型抢险设备及时到位，避免因大型抢险设备的进场严重影响决口封堵石碴料的运输，及时采用动力舟桥开辟水上运输通道。该动力舟桥容许通行荷载为 60 吨，适应水流流速为 3 米/秒，选择平缓的河边将大型挖掘机或推土机装运上舟桥，通过水上运输至堤头附近进行卸车。抢险油料和人员物资则通过快艇、冲锋舟运到抢险现场。

四是戗堤进占。堤头保护稳固后，首先进行回车平台的修筑。回车平台 3 个车道，2 台自卸车能同时卸料，卸料后能及时驶离堤头，并形成调头、卸料、驶离的流水作业，保证卸料速度。问桂道、邓坊村、桂湖村圩堤决口采用单向进占法，中洲圩堤决口采用双向进占法。封堵决口戗堤从堤头按原堤线开始进占，采用小型自卸汽车运输，推土机铺料、推平。水下部分采用抛填，水上部分采用分层填筑，推土机铺料，振动碾压实。进占过程中，为保证堤头稳定，在戗端用块石做上下挑头，中间填筑石碴料，确保戗堤端头稳定。

五是决口封堵。决口封堵采用“堤头裹头保护、石碴戗堤进占、水上分层碾压、机械快速封堵”的机械化单、双向进占战法进行封堵。并根据决口流速情况，选择合适粒径的块石料，在龙口宽度缩窄到 10 米左右时，根据决口流速情况综合采用钢筋石笼、大块石等方式进行快速封堵。龙口合龙后，针对不同区、不同料源制定碾压参数控制指标，严格控制摊铺厚度、碾压参数，确保圩堤质量。

（三）做好抢险现场安全管理

对于企业参与应急救援，需要特殊的安全保障措施，确保抢险现场人员、设备的安全。中国安能集团主要从完善规章制度、配备安全设施、加强抢险作业过程管理等方面开展了安全管理工作。

一是抢险安全管理制度建设。针对道路狭窄、屋舍相连、水上抢险、夜间作业、夏季高温作业等诸多风险问题，制定了《抢险现场安全管理方案》《抢险现场安全责任制度》《抢险现场安全管理规定》《抢险现场应急救援预案》《抢险现场安全管理责任书》《抢险现场安全检查记录表》《重大危险因素及其控制措施清单（示例）》7项现场管理制度，并严格按照制度要求抓好落实。在抢险过程中，设置专职安全管理人员进行24小时安全巡查，针对发现的问题，及时提出整改要求，并进行整改结果验证。

二是现场安全设施配备。应急抢险必须24小时不间断作业，根据这一任务要求，结合鄱阳湖抢险现场实际，进行了现场安全生产保障措施的紧急建设，包括紧急购置照明设备20余台，配备了反光服、荧光棒、手电筒等夜间安全装备，布设了6 000余米警戒线，设置了36处安全警示标牌等。通过加强现场安全设施建设，提升了抢险过程中的安全保障水平。

三是抢险作业安全管理。依据生产安全管理相关要求和应急救援特点，对所有抢险作业人员进行了安全教育培训和技术交底，领导干部对作业面进行巡视指导，分区域配备安全管理人员跟班作业。同时，遴选6名安全员组成安全巡查组，全面组织隐患排查治理，对发现的安全隐患，定人定责、挂账销号，为救援行动创造了良好的安全环境。

四是抢险装备安全管理。装备是抢险救援的“武器”，起着至关重要的作用，很多时候甚至决定着抢险救援的成败，做好抢险救援装备的安全管理至关重要。根据鄱阳湖抢险现场需要，进行了合理的装备配备，并做好维护保养工作，防止“带病”作业。同时，组成的安全巡查组，不间断对装备的合规操作、行驶速度（运输车）、操作人员思想状况等开展巡查，一旦发现问题第一时间纠正，有效保障了抢险救援装备的安全。

五是疫情防控和防暑降温工作。鄱阳湖抗洪抢险期间，疫情防控形势依然严峻复杂，同时正值暑期高温季节，如何做好常态化疫情防控和防暑降温工作，非常重要。抢险期间，制定了疫情防控专项方案，不间断进行营区消杀，严格落实个人防控工作。购买配备了相应的防暑降温药物及相应的防暑降温设备，确保了抢险人员的身体健康和安全稳定。

（四）其他做法

结合企业实际，围绕“衣食住行医修”筹措调配资源，全力做好后勤应急保障。合理调配自有装备 65 台（套），协调地方政府调配挖掘机、推土机、自卸车等重型装备共计 800 余台（套），有效保证了设备供给。租赁运输保障车辆 30 余台，协调 7 艘船艇及动力舟桥，同时积极协调鄱阳县交警部门加强交通安全管控，确保了水陆通行顺畅。物资保障上，紧急采购八大类抢险物资 9 000 余件。油料保障上，以地方保障为主，自主保障为辅，确保了装备连续作业。饮食保障上，科学调剂伙食，保证了抢险现场人员充沛体力。

同时，为解决抢险人员的后顾之忧，为抢险救援人员购买了相关伤害保险。

四、几点启示

江西鄱阳多处圩堤决口封堵的胜利，得益于党中央、国务院国资委的坚强领导，得益于地方政府的有力保障，得益于科学高效的组织指挥，得益于长期积淀的专业优势，得益于始终如一的红色基因，得益于敢打必胜的使命担当。顺利完成决口封堵任务，对于稳定社会、抚慰民众、提升政府公信力具有十分重要的意义，受到国家、地方党委政府和当地群众的高度赞誉。国务委员王勇在国家防总视频会上多次表扬中国安能在抗洪抢险关键时刻发挥了关键作用。

国家防汛抗旱指挥部秘书长、水利部副部长兼应急管理部副部长周学文率国家防总工作组前往决口封堵现场，亲切慰问一线抢险人员。江西省委书记刘奇称赞安能抢险队员“还是保持军人作风，抢险很有经验，还是中坚力量”！省委副书记、省长易炼红称，“感谢中国安能，你们特别能战斗，我相信你们会迅速采取有效措施实现决口封堵”。央视《新闻联播》《焦点访谈》等多个栏目进行了专题报道，《人民日报》等各大报刊分别以头条、整版形式连续刊发，极大提振了全国人民抗洪抢险必胜的信心。

鄱阳湖抗洪抢险的胜利，也开创了企业成建制承担国家应急救援任务的先例，为企业承担国家急难险重任务提供了借鉴。主要有以下五个方面的经验。

（一）听从指挥、攻坚克难，是圆满完成抗洪抢险任务的政治保证

在此次抗洪抢险中，决口之宽、困难之大、挑战之多、压力之重前所未有，中国安能集团党委坚决贯彻落实习近平总书记“人民至上、生命至上”的指示精神，按照集团党委和江西省防总决策部署，把抗洪抢险作为压倒一切的重大政治任务，广大抢险队员转企不转本色，不畏艰难，迎难而上，取得抗洪抢险的最后胜利。

（二）加强领导、科学谋划，是圆满完成抗洪抢险任务的根本保证

面对2020年可能到来的严重汛情，中国安能集团提前编制下发预防方案，加强汛期值班值守、灾情侦测等各项工作。集团主要领导多次主持召开专题会议，提前研究部署做好人员、装备、物资、训练等各项准备工作。救援中，集团董事长、总经理多次就抢

险救援工作作出指示批示，并派出工作组亲临现场，与承担应急救援任务的第二工程局主要领导一起谋划、共同推进完成抢险的各项任务。

（三）闻险而动、敢打敢拼，是圆满完成抗洪抢险任务的重要基础

在救援中，抢险队员牢记职责使命，始终做到不讲条件、不计代价，闻险而动。部分项目顶着施工工期紧、任务重等多重压力抽调人员装备参与其中，部分党员干部放弃休假、主动请缨，全体抢险队员克服条件艰苦、天气炎热、多点作战等困难连续奋战，有的晒脱了皮不下火线、有的脚底起泡仍坚守一线、有的喊哑了嗓子咬牙挺住、有的湿透了衣服全然不顾，体现了高度的政治自觉、强烈的使命担当和严明的组织纪律性。

（四）组织有力、科学高效，是夺取抗洪抢险最终胜利的决定因素

在救援中，注意研究把握抢险作业特点规律，针对车多路堵、堤薄顶窄、料远温高、水位不降等不利因素，坚持技术先行，专业的人干专业的事，及时修订完善各种实施方案，加强对地方配属资源的调配管理，形成了作战整体合力。各级指挥员临危不乱，准确研判形势，科学组织排险，现场解决技术难题，协调展开行动，抢险实现科学高效。

（五）密切协同、安全有序，是夺取抗洪抢险最终胜利的力量源泉

在这次抢险任务中，中国安能集团与地方政府密切协同，指挥

部署“一盘棋”，参战队员一股劲，在优化组合、优势互补中提升整体战斗力。同时注重加强现场安全监控，细化防护措施，科学组织抢险，防止次生灾害，从进场到撤离，人员无一伤亡，车辆无一损毁，全程实现了安全有序。

（国务院国有资产监督管理委员会—中国安能建设集团供稿）

南方电网电力应急基地建设及应用

一、工作情况介绍

电力供应事关国计民生，但电力设施户外居多的特殊性使其易遭受自然灾害等突发事件的影响，极易造成局部地区的电力供应中断，影响经济社会发展的正常秩序。提升应急处置能力，尽最大努力降低停电时间及由其带来的社会影响，是摆在电力行业面前的重大课题和挑战。建设高水平的电力应急基地，集约化开展电力应急装备测试检测、检修运维，常态化服务供电应急抢修队伍的演练、实训，持续加强专业应急技术支撑，是实现“专常结合、平战结合”，提升电力应急实战能力的重要途径之一。

南方电网公司深入贯彻习近平总书记关于防灾减灾救灾“两个坚持、三个转变”的新理念和相关应急工作的重要指示批示精神，落实国家能源局《电力行业应急能力建设行动计划（2018—2020年）》的工作要求，以目标和问题为导向，建设了具有国际先进水平的现代化电力应急基地。

二、创新实践内容

电力网络具有实时传输、结构复杂、城乡空间分布广泛的特性，电力突发事件具有破坏性大、传播速度快、影响范围广、易发生次生衍生事故的特点。电力应急重在第一时间控制危害范围、防范连锁反应，迅速抢修恢复，具有较强的专业技术性和时效性。南方电网应急基地针对上述特点，突出打造类别全面、功能实用、专业化、一体化的培训、研究、维修、演练基地。

（一）应急基地定位

1. 综合性应急基地

同时兼顾各类灾害应急技能实训、水上救援抢修、应急装备测试运维、应急演练、电网反恐和抢修救援支持等综合功能，对各项应急业务均有较强的支撑。

2. 区域性专项应急基地

针对台风、洪水、雨雪冰冻、地震等某一类灾害，重点具备电力应急装备测试运维、应急技能实训和应急救援支持等重点功能。

（二）应急基地的功能用途

应急基地的功能用途主要有10个。一是应急装备测试检测；二是应急装备检修运维；三是供电应急抢修队伍的实训和技术支撑；四是输电、变电、配电设备应急抢修技能实训；五是突发事件新闻舆情应急及反恐实训；六是各级管理人员应急指挥技能实训；七是应急抢修队伍操练；八是灾害仿真应急演练；九是应急装备操作技能实训；十是防灾应急技术研发试验。

（三）应急基地建设开发原则

1. “统一规划、分步建设”原则

基地的定位、建设规模和时间由公司统一规划，按照应对突发事件需求的紧迫程度，分步开展建设。

2. “简约实用、综合利用”原则

基地建设要基于应急工作需求，充分论证，并科学考虑未来发展需要；项目严格按照厉行节约原则，充分利用现有设施和土地资源，新建与改造并重。

3. “区域为主、协同共享”原则

基地选址要充分考虑区域内突发事件特点，并考虑省外支援需求，选取交通方便、辐射能力强的地区开展建设。

（四）应急基地的主要功能区

基地功能区分为室内和室外两个部分。室内部分可建设 6 个功能区，其中 5 个为基本功能区，1 个为差异化功能区；室外部分可建设 9 个功能区，其中 5 个为基本功能区，4 个为差异化功能区。具体如下。

1. 室内部分

基本功能区：电子化仿真及演练区；应急技能实操区；应急队伍生活区；应急物资和装备存放运维区；应急装备测试区。

差异化功能区：防灾应急技术研发试验室。

2. 室外部分

基本功能区：输电应急抢修作业实训区；变电应急抢修作业实训区；配电应急抢修作业实训区；应急装备实训区；应急营地搭建及应急供电实训区。

差异化功能区：队员体能、心理训练区；水上救援抢修实训区；反恐演练区；地震搜救实训区。

三、主要创新点

依托基地，重点从基地建设和应用创新两方面开展创新实践，推动电力应急能力和体系现代化。基地建设方面，对标国内外同类基地，结合南方电网实际，从应急功能多样、设备类型齐全、地域特色鲜明、先进技术示范应用等方面，积极推进基地创新发展；基地应用方面，从党建与应急业务融合、队伍建设、装备保障、课程体系设计、技术研发等方面开展创新应用。

（一）基地建设创新

1. 基于灾害特点开展基地建设，向综合减灾转变

针对台风、地震、强降雨、冰冻、洪涝等灾害频发的特点，南方电网建设“1+3”基地群，即“一综合、三专项”，其中广东基地作为综合基地，以防风防汛为主，兼顾其他灾害要求，建成了仿真楼、装备库、输变配实训区等十四大功能区，满足开展应急救援、队伍培训、应急演练等需要，实现了从应对单一灾种向综合减灾转变。

2. 应用情景构建理论，打造贴近实战的培训演练场景

利用水田、平地、山地、水域 4 种不同地形，建设了输变配电设施，构建了 10 千伏电杆串倒抢修、台架倾斜抢修等 13 种灾后典型抢修场景，可开展抢修流程训练，提升了抢修实训和应急演练的实战化水平。

3. 应用先进的虚拟仿真技术，创新培训演练新模式

为解决高风险、高成本、难实现的应急技能培训问题，应用虚拟现实/增强现实（VR/AR）、沉浸式虚拟现实显示系统（CAVE）、立体影像（3D）全息等先进虚拟仿真技术，建成了沉浸式 CAVE、头戴式 VR、3D 全息、六自由度平台等；开发了铁塔高空救援、输电线路观冰测冰、冲锋舟驾驶、应急发电车操作、输电线路勘灾等

16门虚拟仿真课程和台风地震两项沉浸式体验系统，满足救援抢修培训需求，给人以身临其境的培训效果。

4. 运用先进技术，打造智慧应急基地

运用物联网、5G、大数据、人工智能等新技术，建成智慧安保系统、消防系统、环境监控系统和微电网系统，打造一流智慧园区；深化智能业务应用，在培训演练、装备管控、仓储管理等业务上开展应用，建成了大型装备动态管控和智能仓储、智能演练等系统，为培训演练全过程的教务服务、技术保障、过程监控、评估考核等提供支持。

（二）基地应用创新

1. 依托基地，打造电力应急精锐力量

一是以基地为依托，聚焦“人民电业为人民”的宗旨，科学管控“灾前防、灾中守、灾后抢”的3个阶段，全面提升制度保障、应急准备、装备保障、灾情勘查、抢修复电5种应急能力。二是打造以基地为主体的应急文化宣传阵地，对内聚焦主责主业，承担培训演练任务，提振精气神，加强责任担当；对外开展应急文化宣教交流，主动承担社会责任。三是利用人才、装备、技术、管理四个方面的优势提升抢修复电能力，努力实现“城区3天、乡镇5天、全域7天”的复电目标。

2. 立足应急处突能力专业化，推动电力应急队伍发展

作为电力应急特勤队和抢修突击队的驻地，功能上涵盖应急队伍智能勘灾、应急通信、应急供电、应急救援四大专业，抢修突击队涉及输变配、机巡和通信等7个专业，通过多情景的实战化训练体系，提升特勤队搭建通信系统、灾情勘查、后勤保障、医疗救护

等能力。四是开发了铁塔高空救援、输电线路观冰测冰、冲锋舟驾驶等虚拟课程，实现救援和抢修训练的多模式组合，有效培育了电力应急队伍的专业化水平。

3. 以实战化演练检验预案体系的有效性，完善运转机制

一是开发了电子沙盘模拟系统和10类电网灾害场景，有效实现室内多组别桌面推演、室外多场景综合演练功能。二是通过设置抢修救援、信息报送、后勤保障等多情景开展演练，检验了预案有效性，保障了应急机制有效运转。

4. 优化应急装备规划应用，开创装备管理新模式

一是储备“高、精、尖、特”装备，配置了发电、照明、工程抢修、通信、救援等类别的79种装备和常用应急物资，建成了全国最大的应急装备库。二是构建了以基地为中心、辐射周边的装备保障体系，满足应急响应时的装备需求。三是统筹制定装备运维标准，专业化开展装备的检测和维修保养，保障装备拉得出、用得上。

5. 聚焦前沿科技，打造应急技术研发中心

一是研发基于增强现实和虚拟现实技术的应急培训系统与设备，持续提升培训演练的软硬件水平。二是开展基于公网中断下的应急通信技术研究，解决在灾后公网基站瘫痪情况下，灾区与外界常规通信失联问题，为抢险指挥、资源调配等提供通信支撑。三是开展基于图像识别技术的配网智能勘灾研究，研发配网勘灾深度学习模型、算法开发平台以及便携式配网智能勘灾设备，与无人机巡线技术相结合，实时进行智能分析、汇总受灾情况，全面提升配网勘灾效率。四是开展云计算、大数据、物联网、5G等多项前沿技术研发，依托基地共完成7项科技项目研发，申报专利32项，打造了电

力应急技术研发中心。

四、社会效益

南方电网综合应急基地深度贴合行业生产技术特点，可扩展服务政府、高校、社会团体等机构的应急管理业务和需求，主动对接多灾种应急管理体系，推动政企联动、校企合作、社会协作的多元发展，宣传国家应急管理政策和相关要求，搭建行业应急文化宣教交流平台，为实现“两个坚持，三个转变”提供了文化、技术和机制保障。

同时，基地面向能源行业及各类应急救援团体、协会，是应急交流、应急协作的大型平台。自运营两年来，为南方电网企业内部培养了电力应急人才共 986 人，为广东省电力行业培养了应急管理人才共 3 086 人，开展了系统内外应急演练 21 场次，积极为南方五省区培育电力应急人才。基地的建设和运作得到了政府、业内同行、社会团体的充分认可。2020 年 1 月，国家能源局认证该基地为“国家电力应急培训演练基地”。

（国家能源局供稿）

特大型城市大面积停电应急机制实践

广州作为我国南方重要的超大城市，毗邻港澳，是国家中心城市、国际商贸中心和综合交通枢纽，电力的可靠供应是城市的生命线，电力应急工作意义重大，建设快速响应、多方联动的大面积停电应急机制不可或缺。

南方电网广东广州供电局深入贯彻习近平总书记关于推进应急管理体系和能力现代化的指示，落实《中共中央办公厅　国务院办公厅印发〈关于推进城市安全发展的意见〉的通知》精神，切实加强电力基础设施安全与应急管理，坚持有备无患、多方联动、平战结合，推动城市大面积停电事件预防和应急管理工作规范化、现代化，以风险管控标准化、应急数字化支撑情景式应急演练为抓手，政企紧密协同、行业密切协作，有效推动城市大面积停电事件应急机制落地，连续15年开展广州市大面积停电应急演练，有效解决了特大型城市停电事件应急工作的难题。

一、应急机制主要内容

（一）风险管控标准化

将电网运行风险分为基准风险和基于问题风险。基准风险为电网正常方式下较长时期内存在的风险；基于问题风险为设备检修等非正常方式下一定时间内存在的风险。基于电网运行风险的有效辨识和评估，广州供电局按照“平时预、灾前防、灾中守、灾后抢、事后评”的应急管理工作思路，持续推进风险管控标准化，通过统筹电网运行方式、推进电网改造完善、落实重点风险设备运维、推进用户完善电源配置等方式，降低事故发生概率。

（二）应急数字化支撑

大力开展应急数字化研发，全面推进智能化技术在应急指挥、灾情勘查、客户服务中的应用。近年来，依托自主建设的时空大数据平台，持续推进“应急一张图”、程序化操作、配网自愈、快速复电系统等技术支撑系统建设，在应急指挥、调度控制、设备运维、营销服务、舆情管控等方面发挥了显著的实战作用，为各类突发事件特别是大面积停电事件的应急处置效率提升提供了强有力的支撑。

（三）情景式应急演练

为做好电网安全风险管控，对潜在影响电网安全的自然灾害、设备故障、网络入侵等情景要素逐一进行风险辨识评估，开展针对性的情景构建，逐步形成特色鲜明的实战型情景式应急演练模式，自 2005 年起，在市政府主导下，协调能源、公安、交通、水务、林业等部门，持续开展年度全市大面积停电应急演练，积累经验，以演促建，不断提升应急处置水平。

二、应急机制的创新点

（一）基于风险管控标准化的应急机制深化

1. 风险有效辨识评估

结合电网运行方式和特点，对潜在或固有影响电网运行安全的危害因素进行系统性分析辨识与评估，分析发生概率及影响后果

(损失负荷、用户数、变电站数及对上级电网影响等),确定风险等级,分层分级梳理归纳,及时发布电网和设备风险预警。

2. 风险可靠闭环管控

坚持“外部政企联动、内部专业协同”的工作思路,按照“事前策划、事中控制、事后总结”开展全程闭环管控。

一是源头治理打造坚强电网,认真做好电网防灾减灾“三大建设”(安全可靠的城市保底电网建设、更高标准的对港澳供电能力建设、差异化标准的沿海电网建设),连续五年开展“电网建设攻坚”行动,从源头上提升电网防灾能力。

二是政企联动提升应急能力,促成广州市政府在工信局成立南方区域首个电力行政执法机构,市委政法委牵头建立“平安电网”协调机制,有效协调处置多宗违章建筑、超高树木、外部施工破坏等各类外部风险隐患。

三是基于广州地区风险,按照“风险分析—情景构建—任务分解—能力建设”的思路开展应急预案编制和应急队伍组建,配备应急发电车、大型排涝车等应急装备,自主研发应急电源监测车与雷电冲击耐压试验车。

四是探索出“集中调控、主配协同、营配联动、快速响应”的特大型城市电网调度管控模式,电网发生故障停电时主网、配网、服务调度之间高效联动,相互支援进行事故处置,同时确保客户第一时间掌握电网故障真实情况,真正体现了广州供电局“以客户为中心”的核心理念。

(二)基于数字电网支撑的应急指挥现代化

1. 应用“应急一张图”系统

统筹各专业信息系统资源,应用大数据技术,精准展现停电设备、影响用户、损失负荷等情况，实时掌握台风、降雨等气候数据，动态监测应急队伍、物资装备等资源调配。

2. 开创电网程序化操作模式

一键智能生成操作序列并自动实施设备遥控，具备操作智能防误一体化功能，关键设备操作耗时有效减少59%。

3. 应用配网自愈技术

自动定位故障点，远程控制开关设备投切，实现快速隔离故障并自动恢复非故障区域供电，复电时间从平均90分钟大幅度降低至2～3分钟。

4. 利用5G传输技术

输电线路、电缆隧道、变电站、配电房全面配备智能机器人，实时回传设备视频，实现无人化、无死角巡检。实现输、变、配设备及作业现场可视化监控，第一时间掌握现场实际情况。

（三）基于情景式演练的应急机制实战检验

广州市政府和南方电网公司密切配合，于2020年11月19日圆满完成了近年来国内规模最大的一次城市大面积停电应急演练。演练由广东省能源局指导，广州市政府、南方电网公司主办，广州市工信局、应急局、供电局承办，公安、消防、地铁等20家部门单位参与演练，参演人数达1 500人，150余家单位1 200余人现场观摩，参演人数和观摩范围创国内历年大面积停电应急演练之最。演练全方位检验了政府部门、电力企业及相关行业协同作战能力，实现了多方联动、快速有序的良好效果。

1. 政企联动多方配合

广州市政府领导担任总指挥，市工信局牵头组织策划工作，市大面积停电联席会议各成员单位深度参与，有效磨合市内大面积停电预案中“分级负责、协调运作”工作机制，为演练顺利实施提供了有力保障。

2. 科技领航沉浸式体验

一是精心设计现场布景，系统梳理习近平总书记关于应急管理的重要论述、上级政策文件、各层级预案要求，制作贴合演练主题的会场背景展板。二是引入广州电视台、第三方专业演练策划团队及中国电信专业团队，确保演练策划、实施、直播等全过程顺畅。三是先进技术应用支撑，演练全面应用“应急一张图”、“5G+智能机器人”、程序化等最新技术成果，并在主会场集中展示了龙吸水、雷电冲击车等大型应急抢险装备和壁虎机器人、检修无人机等便携式勘灾装备。

3. 复杂场景实战型检验

一是演练场景贴近实战，充分考虑广州区域特点，以广州南部电网故障导致区域大面积停电为主线开展，覆盖了停电可能引发的各类衍生事件。二是突出政府统一领导，应急、公安、交通、医疗等各部门协同处置，集中检验了广州市大面积停电应急处置联席会议工作机制的有效性。

4. 全媒体全流程跟踪式报道

一是策划阶段充分预热宣传，通过报纸、微信、微博等媒体渠道，分期报道大面积停电科普、警示案例等相关内容。二是实施阶段召开演练新闻发布会，进一步介绍演练开展情况。三是演练后期持续报道，通过电台、电视、网络媒体持续报道，扩大应急演练的社会影响力。

三、产生的社会影响

（一）大面积停电实战检验体现应急“速度”

2015年10月4日，受强台风“彩虹”影响，500千伏广南变电站因突发龙卷风正面侵袭全站失压，导致 40.9 万户家庭停电。广州市政府迅速启动大面积停电应急机制，省、市主要领导现场靠前指挥，一方面，迅速开展城市运转秩序应急处置工作，控制事件衍生后果；另一方面，第一时间开展应急处置，应急队伍、物资迅速到位，高效有序地开展受损设备抢修，跨区调配资源优先支援部分重要用户、敏感用户的紧急用电，5 小时内成功恢复所有停电用户供电，展现了快速、有序、高效的应急“速度”。

（二）平战结合、协调联动，提升全市应急处置能力

通过大规模的各方联动演练，可以有效检验政府主导的大面积停电联席会议应急机制，提升政府各部门、各行业及重要电力用户协同处置效率，促进各行业、各单位建立健全大面积停电事件应急预案与应对机制，完善电力应急管理和处置流程，提升各方协同联动水平。

（三）通过宣传报道，引导、教育、提高社会公众对大面积停电的认知

通过持续常态化地举办大面积停电应急演练，应急演练的前、中、后三个阶段开展全覆盖的新闻报道，充分利用报刊、电视、新媒体全方位普及电力应急知识，增强了社会各界在面对突发性停电事件时的应急互救意识、应急自救意识及责任意识，提升了民众的防范意识与应急能力，共同维护电网安全稳定和城市公共用电安全。

（国家能源局供稿）

新时代“枫桥经验”的新探索新实践

城乡基层治理事关国家治理，也是推进国家治理体系和治理能力现代化的重要方面。“枫桥经验”是基层社会治理的中国智慧和中国方案。全国各地特别是基层党委、政府及信访部门坚持深入贯彻落实习近平总书记对“枫桥经验”的重要指示批示精神，结合群众工作和基层社会治理的新特征，积极探索、勇于创新，在坚持和发展新时代“枫桥经验”方面取得了新成效，为提升基层社会治理水平、建设更高水平的平安中国作出了积极贡献。

一、坚持和发展新时代“枫桥经验”的经验做法

20世纪60年代，浙江枫桥干部群众创造了“依靠群众就地化解矛盾”的“枫桥经验”，并根据形势变化不断赋予其新的内涵。近年来，各地区各部门在坚持和发展新时代“枫桥经验”的过程中，发扬优良作风，适应时代要求，运用法治思维和法治方式解决涉及群众切身利益的矛盾和问题，探索创造了很多依靠基层、动员群众化解矛盾纠纷的途径和方法，值得总结和推广。

（一）健全完善党建引领基层治理新模式

山东省汶上县探索实践以党建为引领，自治、德治、法治与共治“四治融合”的基层社会治理新模式，最大限度地将矛盾纠纷化解在基层。以村级党组织评星定级为抓手，将25个软弱涣散村（社区）作为整顿对象，470个村（社区）明确了晋位措施，推进村级党组织全面进步。全县12个城市社区党委，建立了42个网格党支

部，以楼栋或院落为单位划分党小组，构建“街道工委—社区党委—网格党支部—楼院党小组”沉底到边的四级组织架构，把党组织的触角延伸到了每个角落，让基层党组织有针对性地为群众排忧解难，不断提升人民群众满意度。

湖北省宜昌市西陵区以城市基层党建为引领，以建设“党建主导型业委会”为抓手，打造共建共治共享的社会治理格局，探索解决了基层治理“最后一百米”的难题。一是临时党支部建在小区内。在全区 277 个小区全覆盖组建了临时党支部。开展“党员责任区闪光行动”，像农民种地、工人做工一样，划分出党员“责任区”5 179 个，发动全区党员带领市民参与治理。以“小区党组织+业委会+物业公司”为基础，建立了居民协商议事平台，整合各方力量参与自治，提升了城市治理能力。二是推行支部“五步工作法”。通过推行进门问事、e 网议事、联席定事、齐心办事和业主评事五个步骤，收集业主意见建议，对已确定的待办事项，由小区综合党支部统筹调动各方力量，协力促进事情解决，公示办理结果，接受业主监督。三是开展“1+4+N”幸福行动。以业委会作为小区治理的“1”支平台力量，选派街道办、社区干部、社区民警、职业律师等人员组成“4”支固定力量，整合城管、消防、工商、住建等“N”支执法弹性力量，坚持用法治思路和法治方式，多元参与小区共治，促进小区治理难题的解决。

江西省井冈山市探索“红色治理法”，让社会治理别样“红”。坚持红色引领，激发全民共治的红色动能，充分调动社会力量参与调解工作，完善多元化纠纷解决机制，通过组建红色调解队打造信访矛盾化解平台。一方面，积极发挥红色传人的引领作用，把调解队打造成发扬红色传统、传承红色基因的窗口，有效实现矛盾纠纷在家门口化解，进一步推动源头治理；另一方面，通过红色调解队的品牌效应，创新发展新时代“枫桥经验”，注重从群众工作经验丰富、为人公道正派、社会影响力大的老干部、老党员、老法官、老军人、老教师中，选拔一批优秀“五老”人员参与到调解工作中，依法及时就地解决信访矛盾，努力实现“矛盾不发酵，信访不上行”。

新疆伊犁州创建“四三四”工作机制，解决群众大小事。积极践行在“访惠聚”驻村工作、“民族团结一家亲”活动中做好信访工作，形成“小事不出户、中事不出组、大事不出村，矛盾不上交”的新疆特色“枫桥经验”，通过试点推广，探索出以党建为统领，深化“四级联动”（州、县、乡、村）、群众工作助推“三多三少”（干部多下去，信访少上来；群众多参与，矛盾少形成；数据多跑路，群众少跑腿）、综合施策力促“四治融合”（自治、法治、德治、智治）作用，“四三四”工作机制的伊犁实践，将群众大小事解决在基层，为实现社会稳定和长治久安总目标作出了积极贡献。

（二）健全完善服务便捷的群众工作新平台

上海市浦东新区充分借鉴“家门口”服务体系确立的“办公空间趋零化、服务空间最大化、服务项目标准化、服务标识统一化”，以及“甘作服务店小二”的工作作风，延伸区信访大厅“触角”，推进街镇接访窗口标准化创建，标识“家门口”信访工作室（点），并将集成信访工作元素嵌入村居“家门口”服务，配优工作流程，集成多元力量，形成就地倾听诉求、综合调处矛盾、及时了解风险隐患的机制，努力做到初次信访事项不出村居、突出矛盾问题不出辖区、重点疑难矛盾就地吸附，最大限度让信访群众“少跑腿、少等待、少焦虑”。

浙江省将“最多跑一次”改革理念运用到社会治理领域，在县一级建设“信访超市”，动员一切有利于矛盾纠纷化解的力量进驻一个办公地点，变“多中心”为“一中心”，变“分散式”服务为“集约式”服务，确保“一个窗口”就能受理群众信访投诉。各地“信访超市”逐渐成为化解矛盾纠纷的终点站、反映社情民意的主渠道和领导干部践行“守初心 担使命”要求的大平台。

安徽省郎溪县在实践中坚持和发展“枫桥经验”，努力做好群众“代言人”，致力于打造最接地气的信访代办制度，积极推动信访群众“最多跑一次”甚至“一次都不跑”，取得了较好的成效。在镇级层面，依托群众来访接待服务中心，实行一名班子领导带班、一名干部值班、全员轮流接访代办和专职信访干部重点督办的制度，通过接访、下访、约访等方式，推动信访问题解决。在村级层面，各行政村设立信访接待点，由村两委干部、专职信访信息员担任村级信访代办员。积极构建镇级代办站协调解决、村级代办点无缝对接的代办网络，优化网上信访服务平台，群众拨打 12345 热线实现“一个号码找政府、一站式便民服务、一张网镇域联动”，千方百计地让群众少跑腿。

四川省成都市在社区（村）依托基层党群活动服务中心，全面建设“群众工作之家”，打造基层信访服务窗口。社区（村）加强对“群众工作之家”的领导，统筹调配、整合使用社区（村）专职工作者，综治网络员，人民调解员等相关人力资源，配备 2～3 名专（兼）职工作人员，做好信访群众的接待登记、交流对话、诉求反映、建议收集、信访代理等工作。以社区（村）“群众工作之家”为承载点，在全市构建市、县、乡、村四级信访代理体系，实行两级代理工作机制，对群众的信访事项全程代理。“群众工作之家”协调政法、司法、民政、派出所、法院等单位建立共建机制，充分发挥人民调解、行政调解、行业调解、商事调解、公证、仲裁等机制作用；联合物业公司、律师事务所、商会、行业协会等社会力量和人大代表、政协委员、“五老”乡贤、社会工作者、心理咨询师等专业人员，搭建多元共治的信访矛盾化解大平台，努力实现“小事不出村、大事不出镇、矛盾不上交、信访不上行”。

（三）健全完善多元融合的矛盾化解新机制

湖北省远安县坚持解决问题导向和法治优先理念，主动应对诉访分离的工作要求，积极探索推行信访问题综治、信访部门归口管理，首接单位、责任部门先行调解，调解不成即按照纠纷类型引导进入相应的法定途径，依法处理的先调后导“两步工作法”模式，切实做到“案有人接、事有人管、难有人帮”，真正让人民群众感受到公平正义。

上海市黄浦区自2012年开始探索运用心理学介入信访工作以来，极大地促进了信访矛盾的化解。区信访部门与区妇联负责“双牵头”。每年通过政府购买服务方式开展项目化运作，申请专项经费纳入财政预算。项目服务提供方针对个案“量身定做”心理服务“套餐”。按照社会工作中“个案小组”模式，由机构工作人员、责任单位、属地街道形成专项小组。通过多种渠道构建沟通平台，对服务对象开展“破冰”工作。通过面对面的接触，最大限度打消信访对象的疑虑及顾虑，在“以情感人”基础上实现“以理服人”的效果。

重庆市潼南区探索建立了一套“群众的事情群众干，群众的问题群众办”机制，在全区304个村居建立“三和”民情室（配套心理疏导室等社工室），搭建法治宣传、纠纷化解、困难帮扶平台，收集了解社情民意、宣传政策法律、化解矛盾纠纷、解决群众反映的各种困难和问题。九龙坡区通过发掘、总结杨永根等基层干部的好经验好做法，总结出一套群众工作秘笈，提炼出“老杨群众工作方法”，构建了可复制、可推广的“五个一体化”（建立一体化组织体系、规范一体化建设标准、建立一体化运行方式、推广一体化工作方法、完善一体化工作机制）。基层社会治理模式——“老杨群工”成为市域社会治理新亮点。全区已建设完成1个“老杨群工”中心、13个“老杨群工”站、157个“老杨群工”室、3 682个“老杨群工”点，培育发展党员干部、居民代表、网格员、职员、社工等16 902名“老杨群工”人员，形成“人人都是老杨”“处处都有老杨”的生动局面。“老杨群工”践行“有事找老杨，老杨帮您忙”的服务承诺，专门为群众化解各类矛盾纠纷、提供民生服务，发挥“千里眼”“顺风耳”的作用，“老杨”成为远近闻名的“解忧”代言人。

二、坚持和发展新时代“枫桥经验”的启示

新时代“枫桥经验”的核心要义是为了群众、依靠群众，精髓是坚持自治、法治、德治相结合，优势在党建，重心在预防，关键在化解。实践证明，“枫桥经验”历久弥新，在提升基层社会治理水平、维护社会稳定方面具有强大的政治优势和制度优势。“十四五”期间，我们要从维护群众权益、保持社会稳定、维护国家安全的战略高度，深刻认识和准确把握坚持与发展新时代“枫桥经验”的重要意义及基本原则，切实增强夯实基层基础工作的思想自觉和行动自觉。

一是坚持党的全面领导。党的领导是中国社会治理体系和治理能力现代化的坚强组织保障。社会矛盾涉及经济、政治、文化、社会、生态等多个领域，这就需要在各级党委的统一领导下，发挥党

的领导政治优势和中国特色社会主义制度优势，科学配置行政资源，形成解决问题、化解矛盾的强大合力。要坚持完善党委领导、政府负责、民主协商、社会协同、公众参与、法治保障、科技支撑的社会治理体系，健全总揽全局、协调各方的党委领导机制，统筹政府、市场、社会等各方力量，形成问题联治、风险联控、平安联创的局面。要不断提升各级领导干部处理人民内部矛盾的能力，提高政治辨别力和治理智慧，从错综复杂的矛盾冲突中分清是非、抓住根本、统筹全局、妥善处理，防止人民内部矛盾向敌我矛盾转化。

二是坚持以人民为中心。化解社会矛盾要始终坚持以人民为中心，树立尊重群众、服务群众的意识，带着感情和责任做好工作，维护群众合法权益。要坚持专群结合、群防群治，创新组织群众、发动群众的机制，依靠群众解决群众身边的矛盾问题，让人民群众成为维护稳定的参与者。要以人民满意为根本标尺，健全科学合理、操作性强的社会治理绩效考评指标体系，加大群众意见在绩效考评中的权重，让人民群众成为社会治理的评判者。要充分发挥信访工作“了解民情、集中民智、维护民利、凝聚民心”的重要作用，真实反映社情民意，把群众的智慧和力量转化为宝贵的执政资源，着力解决好人民最关心最直接最现实的利益问题，及时完善政策、改进工作，厚植党执政的群众基础。

三是坚持综合施策。综合运用多种方式化解矛盾纠纷，是正确处理人民内部矛盾的宝贵经验。以法治为保障，善于运用法治思维和法治方式化解矛盾、维护稳定。以德治为先导，发挥乡贤文化、家风家训、生活礼俗的教化作用，把社会和谐稳定建立在较高的道德水平上。以自治为基础，发挥群众自治组织自我管理服务的优势，运用民事民议、民事民办、民事民管的办法解决人民内部矛盾。善于运用智能化手段推动社会治理创新，提高服务群众的效率和水平。

对于群众的合理诉求，有法律规定的，依照法律规定处理；没有法律规定的，应当体现法治精神和法治原则，综合运用教育疏导、帮扶救助等手段，以情理法并用的方式来推动问题的解决。

四是坚持预防和化解并重。任何矛盾都有其产生、发展和演化的规律。对于社会矛盾和问题，要坚持预防和化解并重，不断增强工作的前瞻性、系统性、针对性。要强化事前预防，及时发现苗头性、倾向性问题，着力消除矛盾产生的条件，做到防患于未然。要强化事中解决，通过严格落实属地和部门责任，加强督促检查，千方百计化解矛盾，解决群众合理诉求。要强化事后修复，通过教育疏导、关心帮扶，打开群众心结、帮助其解决实际困难、保障其基本生活，最大限度地巩固化解矛盾的成果。

三、进一步坚持和发展新时代“枫桥经验”的几点思考

党的十九届五中全会通过的《中共中央关于制定国民经济和社会发展第十四个五年规划和二〇三五年远景目标的建议》对基层社会治理提出了新要求。当前基层工作还存在一些问题，很多地方对坚持和发展“枫桥经验”思路办法不多，探索创新不够，主要表现如下。一是基层组织建设不够规范。基层党组织战斗堡垒作用发挥不充分，组织力、凝聚力、创新力不足；基层干部力量配备不足，有的干部业务能力欠缺。二是基层组织领导能力薄弱。部分村两委干部软弱涣散，村两委班子成员思想固化、缺乏创新意识，工作处于应付状态。三是基层群众参与社会治理意识不强。部分村群众缺乏参与民主管理和民主决策的积极性，少数群众法治意识落后，普法工作有待加强。为了进一步坚持和发展新时代“枫桥经验”，我们认为至少应该从以下三个方面作出努力。

一是进一步把建强基层党组织作为根本，把党对一切工作的领导落实到基层。实践表明，基层党建强，基层治理就强；基层党建弱，基层治理就弱。基层党组织领导基层治理，就要扩大党在基层各领域的组织覆盖，完善组织体系，提高组织能力，从体制机制上全面加强党对基层各类组织和各项工作的统一领导。要着力加强村（社区）党组织建设，使村（社区）党组织真正成为联系引领群众的桥梁和纽带，确保基层治理充分体现党的意志和要求，始终保持正确方向。

二是进一步把共建共治共享作为目标，完善党组织领导下的基层治理体系。基层党组织担负着领导村（社区）治理的重要职责，要把村（社区）居民和单位组织好，打造共建共治共享的基层治理格局，必须强化政治引领、组织引领、能力引领、机制引领，发挥基层党组织的领导核心作用，对各类组织敢于领导、善于领导，全面统筹、开放融合，整合各方资源力量，做到党组织统一领导、辖区各类组织积极协同、广大党员群众共同参与。

三是进一步把解决突出问题作为突破口，不断创新完善符合时代发展的基层治理途径。问题是时代的声音，解决问题才能推动发展、促进社会和谐。推进基层社会治理创新，需要深入分析研究基层社会治理的重点难点问题，紧紧抓住影响和制约推进基层社会长治久安的瓶颈问题，探索采取切实有效的措施和办法，推动基层党建引领基层社会治理不断创新发展，有效提升基层社会治理水平。

（国家信访局研究室供稿）

防范化解重大金融风险攻坚战取得重要阶段性成果

防范化解重大风险是党的十九大确定的三大攻坚战之一，是决胜全面建成小康社会的重大举措。2020 年以来，突如其来的新冠肺炎疫情对中国乃至全球经济金融体系带来严重冲击，国际形势复杂多变，维护金融稳定面临严峻挑战。按照党中央、国务院的决策部署，在国务院金融稳定发展委员会（以下简称金融委）统筹指挥下，在金融系统共同努力下，防范化解重大金融风险攻坚战取得重要阶段性成果。系统性金融风险上升势头得到遏制，金融业脱实向虚、盲目扩张态势得到根本扭转，金融风险整体收敛、总体可控，金融业平稳健康发展，为有效应对新冠肺炎疫情冲击、全面建成小康社会创造了良好的金融环境。

一、防范化解重大金融风险攻坚战的主要成果

（一）宏观杠杆率持续过快上升势头得到有效遏制

一是宏观上管好货币总闸门。坚持稳健的货币政策，保持流动性总量合理充裕，促进货币信贷合理增长。近三年，广义货币供应量（M2）、社会融资规模增速与名义 GDP 增速基本匹配。二是有序化解地方政府隐性债务风险。摸清隐性债务底数，实现常态化全覆盖监测。通过债务置换、地方债发行、债务融资工具周转等方式有序化解隐性债务存量风险，严控新增地方政府隐性债务。三是持续推动企业降杠杆。强化国有企业资产负债约束和管理，分类管控中央企业资产负债率，国有企业资产负债率持续下降。四是控制居民

杠杆过快增长。坚持“房住不炒”定位，实施差别化信贷政策，支持合理自住需求，坚决遏制投机炒房行为。截至2020年末，个人住房贷款余额同比增长14.6%，较2016年高位大幅回落。

通过上述措施，2017年至2019年，宏观杠杆率总体稳定在250%左右，年均涨幅明显低于2008年至2016年年均11.4个百分点的涨幅，为全力支持抗击新冠肺炎疫情创造了政策空间。疫情发生后，受名义GDP增速放缓和加大政策应对力度的影响，2020年宏观杠杆率阶段性上升，但三季度以来增速已经放缓，预计2021年可以回到基本稳定的轨道。

（二）各类高风险机构得到有序处置

一是稳妥有序推进包商银行风险处置。2019年5月，人民银行、银保监会接管包商银行后，2020年4月蒙商银行成立并开业。蒙商银行和徽商银行分别收购承接包商银行的相关业务、资产及负债，2021年2月7日，北京一中院裁定宣告包商银行破产。二是锦州银行风险处置和改革重组工作基本完成。通过改革重组，锦州银行依法引入战略投资者，及时阻断风险向中小金融机构传染。2020年7月，锦州银行财务重组、增资扩股工作完成，初步恢复自我“造血”功能，经营转向正轨。三是顺利接管“明天系”旗下9家金融机构。2020年7月，监管部门依法接管天安财险等9家金融机构，及时稳定运营，维持基本金融服务不中断，有序推进清产核资和改革重组工作。四是华信集团风险处置主要工作基本完成。2020年3月，法院宣告华信集团主要核心企业整体合并破产，保障了全体债权人依法公平受偿。五是安邦集团风险处置进入尾声。2020年2月，安邦集团接管工作如期结束，新主体大家保险集团引进战略投资者，老主体安邦集团解散清算工作正在推进。

（三）影子银行风险持续收敛

2018 年以来，相关部门陆续出台资管新规及配套实施细则，统一资管业务监管标准，实施资管产品统计制度，加强穿透式监管和功能监管，推动资管业务回归“卖者尽责、买者自负”本源。同时，合理设定调整资管新规过渡期，完善配套支持政策和激励约束机制，推动金融机构早整改、早转型。净值型产品延续增长趋势，资金空转情况持续收敛，资管产品持有的非标资产比重降至新低，对股票、债券等标准化资产的配置增加，对实体经济的支持力度进一步加大。影子银行规模大幅压降，总体规模较历史峰值下降约 20 万亿元。

（四）重点领域信用风险得到稳妥化解

一是加强债券发行交易监测，提前化解潜在债券违约风险。公司信用类债券违约处置与信息披露规则逐步统一，市场化、法治化债券违约处置机制持续优化。二是综合采用市场化债转股、兼并重组、破产重整等方式，有效化解企业债务风险。三是提前筹划、稳妥应对疫情冲击下未来银行业不良贷款上升风险，积极制定不良贷款上升应对预案，支持、鼓励银行加大不良贷款损失准备计提力度及核销处置力度。四是支持银行尤其是中小银行多渠道补充资本，2020 年商业银行资本充足率有所上升。

（五）金融秩序得到全面清理整顿

一是互联网金融风险专项整治取得良好成效。在营 P2P 网贷机构全部停业，互联网资产管理、股权众筹、互联网保险、虚拟货币交易、互联网外汇交易等领域整治工作基本完成，已转入常态化监管。二是违法违规金融活动得到有力遏制。严厉打击非法集资等非法金融活动，一些积累多年、久拖未决的非法集资案件得到处置。严厉打击地下钱庄、跨境赌博等外汇违法犯罪活动，维护外汇市场健康秩序。三是私募基金、金融资产类交易场所等风险化解取得积极进展。出台私募基金监管相关规定，综合施策压降私募基金风险，稳妥有序推进各类交易场所清理整顿。四是加强对大型金融科技公司监管，规范商业银行第三方互联网平台存款业务。

（六）金融市场运行平稳有序

面对新冠肺炎疫情冲击，2020 年春节后，货币市场、债券市场、股票市场等金融市场如期开市，对稳预期、稳信心起到重要作用。坚持“建制度、不干预、零容忍”的方针，完善股票市场体制机制建设，2020 年 A 股市场经受住了国际金融市场剧烈动荡等外部冲击考验，保持常态化运行，整体表现好于境外市场。完善外汇市场管理框架，不断丰富完善政策“工具箱”，在复杂多变的形势下有力维护了外汇市场稳定。进一步发挥了市场在人民币汇率形成中的决定性作用，人民币汇率弹性增强，在合理均衡水平上保持基本稳定。

（七）防范化解金融风险制度建设有力推进

建立逆周期资本缓冲机制，同时为平衡防范系统性风险和缓解疫情冲击，明确缓冲比率初始设定为 0。出台系统重要性银行评估办法，明确评估方法、评估指标、评估程序和评估机制。中国人民银行发布《金融控股公司监督管理试行办法》，明确对非金融企业投资形成的金融控股公司依法开展准入管理和持续监管。统筹金融基础设施监管，推动形成布局合理、治理有效、先进可靠、富有弹性的金融基础设施体系。完善存款保险制度建设和机构设置，发挥存款保险早期纠正和风险处置平台作用。建立全口径、常态化的房地产融资监测、分析和校正机制，推出房地产贷款集中度管理制度，有效促进房地产市场健康发展。开展金融业综合统计，更好地服务系统性风险防控。

二、围绕加快构建新发展格局，做好常态化金融风险防范化解工作

当前国际形势复杂多变，外部风险依然严峻，国内经济金融发展面临诸多不确定因素，存量风险尚未完全出清，金融体系脆弱性依然存在，防范化解金融风险进入常态化阶段。下一步，要继续坚持稳中求进工作总基调，坚持按照市场化、法治化原则处置风险，压实金融机构主体责任，督促其积极开展自救，守住防范化解金融风险的第一道防线；压实地方政府属地风险处置责任和维稳第一责任；压实金融监管部门监管责任，增强监管有效性。要提升金融风险防控的前瞻性、全局性和主动性，既要做好“治已病”，更要着力于“治未病”，统筹金融发展与金融安全，牢牢守住不发生系统性金融风险的底线。

（一）持续抓好风险防范化解工作，坚决遏制各类风险反弹回潮

按照既定方案，继续稳妥有序推动高风险集团和高风险中小金融机构风险处置化解。密切监测金融机构流动性风险，引导金融机构加强流动性管理。关注全球流动性过度充裕的外溢效应，加强跨境资本流动监测，严密防范外部冲击风险。加强企业违约风险监测，引导商业银行加大不良资产处置力度。稳妥做好债券市场风险防范

和处置，引导各方按照市场化、法治化原则处置债券违约风险。继续做好资管新规过渡期整改工作，加强政策指导和监管协调，推动资管行业转型升级。稳妥处置私募基金风险，推进金融资产类交易场所等各类交易场所整治工作。有序推进 P2P 网贷存量风险处置，严厉打击非法集资等非法金融活动。加强对互联网公司金融业务的审慎监管和行为监管。

（二）健全金融风险监测预警体系，提升风险防控前瞻性

一是构建系统性金融风险分析框架。强化对金融机构和企业关联关系的监测，及时识别脆弱性高、关联性强的重点金融机构和企业，防范风险跨领域、跨区域传染；加强房地产市场及相关风险的跟踪研判，稳妥实施好房地产金融审慎管理制度。二是加快完善宏观审慎管理体系，将主要金融活动、金融机构、金融市场和金融基础设施纳入宏观审慎管理。完善系统重要性金融机构监管，适时出台并实施全球系统重要性银行总损失吸收能力管理办法，制定国内系统重要性银行附加监管规定，开展国内系统重要性银行评估并适时公布名单；完善金融控股公司监管制度体系，依法开展准入管理；完善跨境资本流动管理框架，健全跨境资本流动监测、预警和响应机制，丰富和完善“工具箱”，推动建立全覆盖的金融业综合统计体系和完备的国家金融基础数据库。

（三）聚焦机制建设，不断提高有效防控金融风险能力

一是强化中央和地方以及中央部门间的监管协同，形成风险处置合力，建立和维护良好的金融生态环境。二是聚焦早期纠正和市场化处置平台建设，有效发挥存款保险制度作用。加大现场核查力度，对问题机构逐一“诊断”，发现问题及时采取纠正措施。三是完

善金融机构破产制度，建立健全市场化、法治化的金融机构退出机制。四是健全金融风险问责机制。对重大金融风险严肃追责问责，有效防范道德风险；同时严厉打击金融犯罪，坚决查处金融风险形成背后的腐败问题。五是健全相关法律法规体系。继续推动修订《中华人民共和国中国人民银行法》《中华人民共和国商业银行法》等基础性金融法律，研究推动制定金融稳定方面的法律。

（四）深化金融体制改革，增强金融业自身抗风险能力

一是完善多层次、广覆盖、差异化的金融机构体系。继续推动全面落实开发性、政策性金融机构改革方案，明确业务边界；深化城市商业银行和农村信用社改革，建立健全可持续发展的激励约束机制；支持中小金融机构多渠道补充资本、完善公司治理，增强金融机构稳健性；加快信托业转型发展，规范发展第三支柱养老保险。二是进一步完善金融市场制度框架。继续推进股票市场基础性制度改革，把发展直接融资特别是股权融资放在突出位置，保持资本市场平稳健康发展；完善债券市场法制，加大对逃废债等违法违规行为的查处力度，严肃市场纪律；强化债券市场行为监管，压实金融机构法人主体责任；建设开放多元、功能健全的外汇市场，进一步促进贸易投资便利化。三是持续深化利率市场化改革，健全市场化利率形成和传导机制，稳步推进人民币汇率形成机制改革。

（中国人民银行供稿）

后 记

自2010年开始，在中央有关部委和地方党委政府的大力支持下，《中国应急管理报告》（以下简称《报告》）已经连续出版十年。在各方面的共同努力下，《报告》成为中央各部委展示应急管理成就的重要平台，成为沟通党委政府和人民群众的重要渠道，成为展现应急管理中国之治的重要窗口。

受新冠肺炎疫情的影响，本次《报告》主要把2019—2020年我国应急管理工作情况做了整合。根据我国应急管理事业发展情况，在内容上、形式上作了比较大的调整。在内容选题上，《报告》遵循习近平总书记关于总体国家安全观、统筹发展和安全、建设更高水平的平安中国、防范化解重大风险的系列重要论述精神，改变了以往按四大类突发事件应对情况的收录方式，将内容范围拓展到了更广泛的领域和更多的中央部委。同时，《报告》着力体现当下应急管理工作重点，突出了公共卫生突发事件应急管理特色。

《报告》在编辑过程中，得到了中央有关部委以及地方党委、政府和有关单位的大力支持。因对应急管理工作认识水平和理解能力有限，《报告》在收录上难免挂一漏万，敬请社会各界批评指正，以便在后续的编辑中不断充实完善。

编者

2021年12月13日